AF451939

TENUES

TENUES DES TROUPES EN CAMPAGNE ET EN AFRIQUE

Volume arrêté à la date du 1er février 1912

PARIS

Henri CHARLES-LAVAUZELLE

Éditeur militaire

10, Rue Danton, Boulevard Saint-Germain, 118

(MÊME MAISON A LIMOGES)

TENUES

TENUES DES TROUPES EN CAMPAGNE ET EN AFRIQUE

Volume arrêté à la date du 1er février 1912

PARIS

HENRI CHARLES-LAVAUZELLE

Éditeur militaire

10, Rue Danton, Boulevard Saint-Germain, 118

(MÊME MAISON A LIMOGES)

INFANTERIE ET AUTRES TROUPES A PIED.

DÉSIGNATION DES EFFETS OU OBJETS.	INFANTERIE et CHASSEURS A PIED.		ZOUAVES et TIRAILLEURS ALGÉRIENS.		SECTIONS de secrétaires d'état-major.		SECTIONS de commis et ouvriers militaires d'administration.		SECTIONS d'infirmier militaires.	
	H*	P*	H	P	H	P	H	P	H	P
Plaque d'identité avec cordon	1	»	1	»	1	»	1	»	1	»
HABILLEMENT. Bandes molletières	1(1)	»	1	»	1(1)	»	1(1)	»	1(1)	»
Bâton ferré pour les troupes alpines	1	»	»	»	»	»	»	»	»	»
Bourgeron ou bourgeron-veste de toile (A, ordonnances, conducteurs, bouchers)	»	»	»	1(2)	»	»	»	1(2)	»	»
Capote	1	»	»	»	1	»	1	»	1	»
Collet à capuchon	»	»	»	1	»	»	»	»	»	»
Ceinture de flanelle	1(3)	»	»	»	1(3)	»	1(3)	»	1(3)	»
Ceinture de laine	1(1)	»	1	»	1(1)	»	1(1)	»	1(1)	»
Gilet de zouaves et de tirailleurs	»	»	1	»	»	»	»	»	»	»
Jersey	1(1)	»	»	»	1(3)	»	1(1)	»	1(1)	»
Manteau (A, ordonnances, conducteurs)	1	»	1	»	»	»	»	»	»	»
Manteau à capuchon ou collet-manteau (attribué aux chasseurs alpins et aux cyclistes en remplacement de la capote)	1	»	»	»	»	»	»	»	»	»
Culotte avec jambière (A, ordonn., conduct)	1	»	1(2)	»	1	»	1	»	1	»
Pantalon de drap	1	»	»	»	1	»	1	»	1	»
Tunique n° 1	»	1(4)	»	»	»	1(4)	»	1(4)	»	1(4)
Vareuse-dolman (attribuée aux chasseurs alpins et aux cyclistes en remplacement de la veste)	1	»	»	»	»	»	»	»	»	»
Veste	»	1(4)	1(2)	»	»	1(4)	»	1(4)	»	1(4)
COIFFURE. Chéchia avec gland	»	»	1	»	»	»	»	»	»	»
Képi ou béret pour chasseurs alpins	1	»	»	»	1	»	1	»	1	»
GRAND ÉQUIPEMENT. Bretelle de fusil, de carabine ou de mousqueton (5)	1	»	1	»	1	»	1	»	1	»
Bretelle de suspension (5)	1	»	1	»	»	»	»	»	»	»
Cartouchière (5)	3	»	3	»	1	»	1	»	1	»
Ceinturon avec porte-épée (6)	1	»	1	»	1	»	1	»	1	»
Ceinturon avec porte-sabre (6)	1	»	1	»	1	»	1	»	1	»
Dragonne de sabre (7)	1	»	1	»	1	»	1	»	1	»
Etui de revolver (avec lanière et courroie de ceinture pour les militaires équipés en hommes montés, avec courroie de ceinture pour ceux habillés en hommes à pied dont l'équipement ne comporte pas de ceinturon (8) (A, ordonnances, conducteurs)	1	»	1	»	1	»	1	»	1	»
Havresac (sauf pour les comp. cyclistes) (9)	1	»	1	»	1	»	1	»	1	»
Sac à dépêches (pour les vélocip. estaf.) (A)	1	»	1	»	1	»	1	»	1	»

* H. Sur l'homme; P. Dans son paquetage.

DÉSIGNATION DES EFFETS OU OBJETS.	INFANTERIE et CHASSEURS A PIED.		ZOUAVES et TIRAILLEURS ALGÉRIENS.		SECTIONS de secrétaires d'état-major.		de commis et ouvriers militaires d'administration.		d'infirmiers militaires.	
	H	P	H	P	H	P	H	P	H	P
Bretelles (paire)	1	»	»	»	1	»	1	»	1	»
Brodequins (paire)	1	»	1	»	1	»	1	»	1	»
Lacets de rechange (paire)	»	1	»	1	»	1	»	1	»	1
Caleçon	1	»	1	»	1	»	1	»	1	»
Calotte de coton	»	1(10)	»	»	»	1(10)	»	1(10)	»	1(10)
Chemise	1	1	1	1	1	1	1	1	1	1
Courroie de capote ou de manteau (pour les troupes non allégées)	»	1	»	1	»	1	»	1	»	1
Cravate (A, vélocipédistes)	1	»	1	»	1	»	1	»	1	»
Effets de pansage (A, conducteurs et ordonnances). — Brosse à cheval en soie	»	»	»	»	»	»	»	»	»	»
Ciseaux	»	»	»	»	»	»	»	»	»	»
Corde à fourrages	»	»	»	»	»	»	»	»	»	»
Éponge	»	»	»	»	»	»	»	»	»	»
Étrille	»	»	»	»	»	»	»	»	»	»
Musette de pansage	»	»	»	»	»	»	»	»	»	»
Sac à avoine	»	»	»	»	»	»	»	»	»	»
Boîte à graisse (11)	»	»	»	»	»	»	»	»	»	»
Effets de petite monture. — Cuiller	1	1	1	»	1	1	1	1	1	1
Trousse garnie sans glace	»	1	»	1	»	1	»	1	»	1
Brosses (12). — d'armes	»	1	»	1	»	1	»	1	»	1
à habits	»	1	»	1	»	1	»	1	»	1
double à chaussures	»	1	»	1	»	1	»	1	»	1
PETIT ÉQUIPEMENT. — Étui-musette	1	1(12)	1	1(13)	1	1(12)	1	1(14)	1	1(13)
Gamelle individuelle ou nécessaire individuel de campement (A) (14)	»	1	»	1	»	1	»	1	»	1
Guêtres de toile (paire)	»	1	»	1	»	1	»	1	»	1
Guêtres jambières de toile (paire)	»	1	»	1	»	1	»	1	»	1
Livret individuel	»	1	»	1	»	1	»	1	»	1
Morceau de savon	»	1	»	1	»	1	»	1	»	1
Mouchoir	1	1	1	1	1	1	1	1	1	1
Pantalon de toile pour zouaves et tirailleurs algériens	»	»	»	1(9)	»	»	»	»	»	»
Pantalon de treillis (A, ordonnances, conducteurs, bouchers)	»	»	»	»	»	»	»	»	»	»
Quart (A, cyclistes)	1	»	1	»	1	»	1	»	1	»
Chaussures de repos (paire)	»	1	»	1	»	1	»	1	»	1
Sous-pieds de rechange pour guêtres ou jambières (paire)	»	1	»	1	»	1	»	1	»	1
Éperons à la chevalière (paire) (A, ordonnances, conducteurs)	1	»	1	»	»	»	»	»	»	»
Brides d'éperons (paire) (A, ordonn., conduct.)	1	»	1	»	»	»	»	»	»	»
Sous-pieds de jambières (paire) (A, ordonnances, conducteurs)	1	»	1	»	»	»	»	»	»	»
CAMPEMENT. — Gamelle de campement (15) pour les troupes non dotées du nécess. individ. de campem.	»	1	»	1	»	1	»	1	»	1
Marmite de campement (15) pour les troupes non dotées du nécess. individ. de campem.	»	1	»	1	»	1	»	1	»	1
Moulin à café (15)	»	1	»	1	»	1	»	1	»	1

DÉSIGNATION DES EFFETS OU OBJETS.	INFANTERIE et CHASSEURS À PIED.		ZOUAVES et TIRAILLEURS ALGÉRIENS.		SECTIONS de secrétaires d'état-major.		SECTIONS de commis et ouvriers militaires d'administration.		SECTIONS d'infirmiers militaires.	
	H	P	H	P	H	P	H	P	H	P
CAMPEMENT (*Suite.*) — Petit bidon de 1 litre (2 litres en Afrique) avec courroie et enveloppe	1	»	1	»	1	»	1	»	1	»
Sac à distribution (15)	»	1	»	1	»	1	»	1	»	1
Sachets pour vivres de réserve	»	2	»	2	»	2	»	2	»	2
Seau en toile (15)	»	1	»	1	»	1	»	1	»	1
ARMEMENT. (16) — Fusil avec épée-baïonnette, carabine de cavalerie modèle 1890										
Carabine de gendarmerie modèle 1890 avec épée-baïonnette										
Mousqueton d'artillerie modèle 1892, avec sabre-baïonnette	1	»	1	»	1	»	1	»	1	»
Revolver										
Sabre d'adjudant, épée de sous-officier, sabre série Z										
Nécessaire d'armes (11), tournevis pour revolver (11)	»	»	»	»	»	»	»	»	»	»
1/3 baguette de fusil (11)	»	»	»	»	»	»	»	»	»	»
Ficelle individuelle de nettoyage du fusil (11)	»	»	»	»	»	»	»	»	»	»
MUNITIONS. (16) — Cartouches de fusil, carabine, mousqueton, revolver	1	»	1	»	1	»	1	»	1	»
Bicyclette (A, vélocipédistes)	»	»	»	»	»	»	»	»	»	»
VIVRES ET FOURRAGES. (17) — 2 jours de pain de guerre (12 pains). 2 boîtes individuelles de viande de conserve assaisonnée. 2 boîtes de potage salé. 2 rations de sucre et café (en 1 sachet). { 2 jours de vivres de réserve. }	»	1	»	1	»	1	»	1	»	1
1 jour d'avoine (par cheval)	»	»	»	»	»	»	»	»	»	»
Outils portatifs (18)	»	1	»	1	»	»	»	»	»	»
HARNACHEMENT (19). — Couverture	»	»	»	»	»	»	»	»	»	»
Etui porte-avoine	»	»	»	»	»	»	»	»	»	»
Ferrure	»	»	»	»	»	»	»	»	»	»
Musette-mangeoire	»	»	»	»	»	»	»	»	»	»
Selle et bride complètes	»	»	»	»	»	»	»	»	»	»
Surfaix	»	»	»	»	»	»	»	»	»	»
Paquet individuel de pansement (20)	1	»	1	»	1	»	1	»	1	»
Lanternes (1 par escouade ou 1 par 15 hommes dans les états-majors de régiment et de bataillon)	»	1	»	1	»	1	»	1	»	1
Couteau à conserve (1 pour trois hommes)	»	1	»	1	»	1	»	1	»	1

OBSERVATIONS.

(1) Pour les troupes alpines et les cyclistes (unités cyclistes et vélocipédistes des états-majors, corps de troupe et services).

(2) Sur l'homme ou dans le paquetage suivant l'ordre donné. Dans les sections de C. O. A. pour les caporaux et soldats du service d'exploitation seulement.

(3) A l'exception des troupes et militaires dotés de la ceinture de laine.

(4) Les caporaux fourriers et tous les sous-officiers d'infanterie et des diverses sections, sans distinction de catégories, emportent en campagne la tunique et non la veste.
La tunique et la veste sont portées par les voitures à vivres et à bagages quand les corps sont pourvus de ces voitures.

(5) A l'exception des militaires armés du revolver ou du sabre série Z (renvoi 16).
Ne sont pas pourvus de bretelles de suspension et ne reçoivent que deux cartouchières les militaires des corps de troupe dotés de moins de 88 cartouches (renvoi 16).
Les vélocipédistes-estafettes n'ont qu'une cartouchière du modèle de la cavalerie.
Les infirmiers régimentaires reçoivent deux cartouchières d'infirmerie, à l'exception de ceux des bataillons de chasseurs alpins.

(6) Les militaires armés du sabre d'adjudant ou de l'épée de sous-officier (renvoi 16) portent le ceinturon en cuir verni. Le porte-sabre est substitué au porte-épée pour les militaires armés du sabre série Z ou du sabre-baïonnette (renvoi 16).

(7) Pour les militaires armés du sabre d'adjudant (renvoi 16).

(8) Pour les militaires armés du revolver (renvoi 16).

(9) Les sergents-majors et les sergents rengagés portent le havresac en tenue de campagne. Les infirmiers régimentaires (sauf ceux des bataillons de chasseurs alpins) reçoivent un havresac d'infirmerie. Les militaires, non pourvus du nouvel équipement, reçoivent un havresac muni de contre-sanglons avec crochets, ainsi que deux coulants de ceinturon servant à fixer ces crochets si leurs cartouchières ne sont pas pourvues de triangles de suspension.
Le sergent-major artificier n'est pas pourvu de havresac.
Les havresacs des conducteurs de chevaux haut-le-pied sont transportés par la voiture à vivres et à bagages (ou, à défaut, par le fourgon à bagages) de l'état-major du régiment, ceux des ordonnances, des vélocipédistes et des conducteurs de chevaux de main, par les voitures à vivres et à bagages (ou, à défaut, par les fourgons à bagages) de l'état-major du régiment ou de leur bataillon.

(10) Sauf pour tous les hommes de l'effectif de paix et les troupes pourvues de béret.

(11) Les boîtes à graisse individuelles, les nécessaires d'armes, les tiers de baguette de fusil, les ficelles de nettoyage, ne sont pas emportés par les corps pourvus de voitures à vivres et à bagages et sont remplacés par 16 baguettes de laiton par compagnie (ou 4 par section), portées par lesdites voitures.
Dans les corps non pourvus de voitures à vivres et à bagages, les objets suivants sont emportés dans les paquetages à raison de :

Boîtes à graisse. — 3 par escouade dans l'infanterie; 1 pour 7 hommes dans les états-majors de régiment ou de bataillon;

1 pour 5 hommes dans les détachements constitués des diverses sections;

1 par homme pour ceux qui doivent opérer individuellement, y compris les ordonnances d'officiers sans troupe.

Nécessaires d'armes. — 4 par escouade, plus 1 à chaque sergent et fourrier dans l'infanterie;

1 pour 4 hommes dans les sections;

1/5 baguette de fusil }
Ficelle de nettoyage } 1 par homme.

Dans tous les cas, les hommes armés du revolver emportent, dans l'étui, le tournevis mixte modèle 1898.

(12) 2 jeux de brosses par escouade; 1 jeu de brosses pour 7 hommes dans les états-majors de régiment ou de bataillon; 1 jeu de brosses par homme pour ceux qui doivent opérer individuellement, y compris les ordonnances d'officiers sans troupe.

(13) Pour les unités cyclistes, en remplacement du havresac. Dans tous les corps, un deuxième étui-musette sert à envelopper la chaussure de repos sur le sac pour les hommes de l'effectif de paix. Les réservistes et territoriaux reçoivent, à cet effet, un deuxième étui-musette ou une serviette.

(14) Les militaires isolés reçoivent un nécessaire individuel de campement, en remplacement de la gamelle individuelle et des ustensiles collectifs.

Il en est de même pour les militaires faisant partie de petits détachements de secrétaires d'état-major ne dépassant pas 6 hommes.

(15)

	PAR ESCOUADE.	ÉTAT-MAJOR de régiment ou de bataillon et sections diverses. Par 8 hommes	GROUPE de 4 hommes formé par les isolés des quartiers généraux. états-majors et services.	REMARQUES.
Gamelles de campement...	2	1	»	(A) Deux par 15 hommes dans les états-majors de régiment et de bataillon lorsque le corps est doté de voitures à vivres et à bagages.
Marmites de campement...	4	2	»	
Seaux en toile............	2	1 (A)	1 (B)	(B) Un seau en toile est également donné :
Sacs à distribution........	2	1 (A)	1	1° Aux groupes de moins de 4 hommes formés par les isolés des quartiers généraux, états-majors et services;
Moulins à café............		1 pour 2 escouades et 1 par 15 hommes dans les états-majors de régiment et de bataillon et dans les diverses sections.		2° À chaque ordonnance d'officier sans troupe monté.

(16) Armement et munitions de la tenue de campagne.

GRADES ET EMPLOIS.	ARMEMENT.	CARTOUCHES		REMARQUES.
		Fusil.	Re-volver.	
Sergent, sergent fourrier, caporal fourrier........ Hommes des petits états-majors et des sections hors rang.............. Conducteurs de fourgon de quartier général....	Fusil avec épée-baïonnette....	16	»	(A) Les divers personnels non mentionnés dans le présent tableau ont l'armement et les munitions prévues pour le soldat.
Caporal et soldat (A)....	Id........	88 (B)	»	(B) Transitoirement et jusqu'à livraison des voitures à munitions, les caporaux et chasseurs des chasseurs à pied, y compris ceux des bataillons alpins, portent 120 cartouches au lieu de 88 dans les formations actives et de réserve, et 112 dans les formations territoriales.
Personnel des sections de mitrailleuses (C)........	Carabine de gendarmerie modèle 1890 avec épée-baïonnette.... *ou* Fusil 1886 - M. - 93 avec épée-baïonnette.........	54 56	» »	(C) A défaut de carabine, le personnel est armé de fusil 1886-M.-93 avec épée-baïonnette. Le télémétreur et les conducteurs de caisson sont armés du revolver seul.
Adjudant, sous-chef de musique, médecin auxiliaire............... Sergent-major.......... Sergent-major chef artificier................ Tambour-major, sergent-major clairon..........	Revolver et sabre d'adjudant....	»	18 (E)	(D) Voir renvoi A; ordonnances.
Chef armurier...........	Revolver et épée de sous-officier..	»	18 (E)	(E) Les militaires armés du revolver portent 18 cartouches en 3 boîtes placées dans les 3 gaines rectangulaires de l'étui du revolver.
Tambour...............	Revolver et sabre série Z.........	»	18 (E)	Dans les étuis non modifiés, il n'est placé que 12 cartouches ; les 6 autres sont disposées dans le paquetage du cheval ou le havresac
Sergent artificier, télémétreur des sections de mitrailleuses......... Conducteur de caisson de munitions (de mitrailleuses ou autres)....... Pourvoyeur de munitions. Ordonnance appelé à faire un service à cheval (D). Ordonnances de tous les médecins........... Conducteur de chevaux haut-le-pied et de main.	Revolver........	»	18 (E)	

GRADES ET EMPLOIS.	ARMEMENT.	CARTOUCHES		REMARQUES.
		Fusil.	Revolver.	
Conducteur de voiture médicale. . . . . Conducteur de mulets porteurs de cantines médicales. . . . . Infirmier régimentaire... Musicien. . . . . Maître ouvrier.	Sabre série Z....	»	»	(F) Les conducteurs d'équipages muletiers des éléments d'infanterie spécialisés pour la guerre de montagne ont l'armement et les munitions des conducteurs d'animaux des bataillons de chasseurs alpins.
Vélocipédistes (autres que ceux des chasseurs alpins).	Carabine de cavalerie mod. 1890.	18	»	(G) Les secrétaires d'état-major des divisions et brigades de cavalerie ont le mousqueton 1892 avec sabre-baïonnette. Il n'est pas constitué de cartouches de mobilisation pour les secrétaires du recrutement (2ᵉ catégorie).
Vélocipédistes de chasseurs alpins.	Mousqueton mod. 1892 avec sabre-baïonnette. . . .	18	»	
Conducteur d'animaux (F) ... (dans les batail. de chass. alpins.) Ordonn. d'offic. n'ayant qu'un cheval.	Mousqueton mod. 1892 avec sabre-baïonnette. . . .	36	»	(H) Si la puissance contre laquelle on opère n'a pas signé la convention de Genève, les infirmiers militaires sont armés et équipés comme les ouvriers d'administration; dans le cas contraire, les infirmiers militaires (serg.-maj. exceptés) ne sont armés que du sabre série Z.
Secrétaires d'état-maj. (G) Commis et ouvriers militaires d'administration. Infirmiers militaires (H).	Mousqueton mod. 1892 avec sabre-baïonnette. . . . *ou* Fusil 1886 - M. - 93 avec épée-baïonnette.	42 40	» »	

(17) Non compris les vivres et fourrages de chemin de fer et de débarquement.

Dans les corps dotés de voitures à vivres et à bagages, les vivres de réserve sont placés : 1 jour dans le sac, 1 jour sur les voitures. L'avoine de réserve (1 jour) est portée sur les voitures à vivres et à bagages (ou, à défaut, sur les voitures de compagnie).

(18) Par compagnie :

 80 pelles-bêches (5 par escouade);
 80 pelles-pioches (5 par escouade);
  8 haches à main (2 par section);
 12 serpes
  4 cisailles } 1 outil par escouade;
  1 scie articulée.

Les hachettes de campement, supprimées, seront maintenues provisoirement dans la tenue de campagne jusqu'à ce qu'elles aient pu être remplacées par des outils du nouveau modèle.

(19) Par cheval. Un harnachement pour le sergent-major artificier.

(20) Le paquet de pansement est placé dans la poche intérieure spéciale

de la capote ou de la veste pour les zouaves et les tirailleurs; dans une des poches intérieures de la vareuse-dolman pour les militaires qui en sont pourvus.

A) *Ordonnances et conducteurs de voitures ou d'animaux.* — Ils reçoivent la tenue fixée par la Description des uniformes. (É. M., *vol.* n° 1051.)

Les effets de pansage nécessaires aux ordonnances leur sont fournis dans tous les cas par les officiers détenteurs des chevaux.

Le sergent-major artificier monté reçoit la tenue des conducteurs de caissons à munitions.

Dans les régiments de zouaves et de tirailleurs, les ordonnances montés gardent la veste et le gilet à l'uniforme du corps et la chéchia avec gland au lieu de la veste et du képi du train des équipages.

Les soldats ordonnances montés des généraux commandant les brigades d'infanterie, des officiers d'état-major (stagiaires compris) employés dans les états-majors desdites brigades, des officiers d'infanterie (stagiaires compris) employés dans les états-majors des divisions et brigades de cavalerie, reçoivent la même tenue que les ordonnances des colonels d'infanterie.

Quand un officier supérieur a deux ordonnances, l'un de ces soldats est considéré comme homme monté et habillé, équipé et armé en conséquence; l'autre, appelé à faire un service à pied, reçoit la tenue d'homme à pied et l'armement de son corps.

Les deux ordonnances des généraux commandant les brigades d'infanterie sont habillés, équipés et armés, en hommes montés.

Le caporal conducteur des voitures régimentaires ne reçoit ni bourgeron, ni pantalon de treillis.

Les pantalons de treillis et les bourgerons dont sont pourvus les conducteurs et ordonnances sont portés sur les voitures de leur unité.

Les clefs à crampons à glace, dont sont munis les sous-officiers et caporaux attachés aux équipages, les conducteurs d'animaux de trait ou de bât, les ordonnances des officiers montés sont portées par les détenteurs ou placées sur les voitures d'après les ordres donnés.

Bouchers. — Les bouchers des corps d'infanterie reçoivent un pantalon de treillis et un bourgeron de toile (transportés par les voitures).

Tambours. — Les tambours emportent l'équipement de tambour complet avec deux peaux de rechange, l'une de batterie, l'autre de timbre; les tambours-majors et les caporaux-tambours, la canne spéciale à ces emplois, à l'exception des tambours-majors des régiments de réserve et de l'armée territoriale qui reçoivent une canne de caporal-tambour.

Clairons. — Les clairons emportent leur instrument muni de son cordon (armée active) ou de sa courroie (régiments de réserve et régiments territoriaux).

Vélocipédistes. — Les vélocipédistes de tous les états-majors, corps de troupe et services reçoivent la tenue fixée par la Description des uniformes (É. M., vol. n° 1051). L'armement est celui indiqué par le renvoi 16. L'arme est portée par l'homme. Le matériel à employer (bicyclette) est constitué selon les prescriptions de l'instruction sur l'organisation et l'emploi du service vélocipédique dans l'armée.

Les vélocipédistes supplémentaires employés en campagne ou aux manœuvres par les états-majors et les unités, conservent la tenue et l'armement des autres hommes de leur arme. Ils reçoivent seulement une paire de bandes molletières qu'ils portent avec le pantalon ou la culotte, suivant l'arme.

Brassards. — Il est délivré un brassard : 1° au caporal conducteur des équipages et à certains conducteurs (Description des uniformes, É. M., vol. n° 1051); 2° aux infirmiers régimentaires, aux médecins auxiliaires, aux infirmiers des sections, aux conducteurs des voitures médicales régimentaires et des mulets porteurs de cantines médicales, aux soldats ordonnances des médecins et aux brancardiers des formations sanitaires et des corps de troupe (ce brassard, qui est celui de la Convention de Genève, confère la neutralité); 3° aux musiciens et autres militaires temporairement employés à titre de brancardiers (ce brassard ne confère pas la neutralité).

B) Dans certains cas, les troupes sont pourvues de couvertures de campement et de tentes-abris avec accessoires. Les troupes alpines peuvent également être pourvues d'un matériel spécial (raquettes à neige, corde de guide, etc.). Certaines unités sont dotées du matériel de signaleurs (paire de fanions et lanterne à persiennes). Tous ces effets ou objets sont portés sur le havresac.

C) Les registres emportés en campagne, par chaque unité administrative, sont portés par les sous-officiers comptables sous la patelette du sac.

Nota. — Tous les effets qui ne figurent pas au nombre de ceux que la troupe doit emporter en campagne sont laissés au magasin.

Tenue des troupes en Afrique.

La présente décision est applicable aux troupes d'Afrique appelées en Europe en cas de mobilisation.

Elle est également applicable aux mêmes troupes opérant en Afrique avec les modifications suivantes :

Le couvre-nuque, la demi-couverture, la tente-abri individuelle avec accessoires sont emportés par tous les hommes d'infanterie. (Paquetage.)

Armement et munitions. — Les caporaux et soldats des formations actives d'infanterie reçoivent 120 cartouches; ceux des formations territoriales. 112. Les cartouches sont réparties entre les cartouchières.

Sont armés du fusil (avec épée-baïonnette) et reçoivent 56 cartouches : les conducteurs des voitures médicales, les conducteurs de mulets porteurs de cantines médicales, les infirmiers régimentaires, les ordonnances des médecins n'ayant qu'un cheval.

Sont armés du mousqueton 1892 (avec sabre-baïonnette) et reçoivent 42 cartouches, les militaires des sections (à l'exception des sergents-majors).

Habillement et équipement. — Les militaires ci-dessus sont équipés en hommes à pied. Les infirmiers régimentaires reçoivent deux cartouchières d'infanterie, une poche à pansement munie d'un anneau de suspension et d'une bretelle de suspension.

Les sergents-majors artificiers de zouaves et de tirailleurs sont habillés en hommes à pied, à l'uniforme du corps.

Matériel de campement. — Si le matériel de campement dont il est fait usage est du matériel à 8 hommes, la proportion d'ustensiles indiquée pour le matériel à 4 est réduite de moitié. Les bidons à 4 ou à 8 hommes qui existent encore dans les approvisionnements sont utilisés en remplacement de seau en toile, à raison d'un grand bidon à 8 ou de deux bidons à 4 pour un seau en toile.

Nombre de sachets à vivres : 2.

| Vivres et fourrages | { 2 jours de pain de guerre;
2 jours de pain (peuvent être constitués en farine);
2 jours de viande de conserve;
4 jours de petits vivres;
2 jours d'orge. | *ou* { 2 jours de viande assaisonnée;
4 jours de potage salé;
4 jours de sucre et café. |

CAVALERIE.

RÉGIMENTS DE CAVALERIE DE FRANCE ET CAVALIERS DE REMONTE (a).

DÉSIGNATION DES EFFETS OU OBJETS.	Cavalier monté.		Cavalier non monté.		Télégraphiste.		Infirmier, porte-sacoches, conducteur de voitures médicales ou de transport des blessés.		Un des cavaliers ordonnances du colonel et du lieutenant-colonel.		Conducteur de fourgons, Conducteur de la forge.	
	H*	P*	H	P	H	P	H	P (»)	H	P (c)	H	P
Plaque d'identité avec cordon	1	»	1	»	1	»	1	»	1	»	1	»
HABILLEMENT. Bourgeron (2)	»	1	»	1	»	1	»	1	»	1	»	1
Ceinture de flanelle	1	»	1	»	1	»	1	»	1	»	1	»
Epaulettes ou pattes d'épaules	1	»	1	»	»	1	»	1	1	1	»	1
Manteau	»	1	»	1	»	1	»	»	1	1	»	1
Matelassure de cuirasse	1	»	1	»	1	»	»	»	»	»	»	»
Culotte avec jambières (1)	1	»	1	1 (1)	1	1 (2)	1	1 (1)	1	1 (1)	1	1 (f)
Pantalon de treillis	»	1	1	»	1	»	1	»	1	»	1	»
Tunique	1	»	1	1	1	1	1	1	1	1	1	1
Bonnet de police	»	1	1	1	1	1	1	»	1	»	»	1
COIFFURE. Casque avec couvre-casque (23), shako (24)	1	»	1	»	1	»	»	»	1	»	1	1
Képi	»	»	1	»	1	»	1	»	1	»	1	1
GRAND ÉQUIPEMENT. (E) Bretelle de carabine	1 (3)	»	1	»	»	»	»	»	»	»	»	»
Cartouchière	1 (3)	»	»	»	1	»	1	»	»	»	»	»
Sacoche de maréchal des logis chef (26)	»	»	»	»	1	»	1	»	»	»	»	»
Ceinturon avec bélière (c)	1	»	1	»	1	»	1	1	1	»	1	»
Dragonne	1	»	1	»	»	»	1	»	1	»	»	»
Etui et lanière de revolver	1	»	1	»	»	»	1	»	1	»	1	»
PETIT ÉQUIPEMENT. Brodequins (8)	1	»	»	1	»	1	1	1	1	1	1	1
Lacets de rechange (paire)	»	1	1	1	»	1	»	1	1	1	1	1
Bretelles de pantalon	1	»	1	1	1	1	1	1	1	1	1	1
Caleçons	1	1	1	1	1	1	1	1	1	1	1	1
Chemises	1	1	1	1	1	1	1	»	1	»	1	1
Col ou cravate	1	»	1 (22)	»	1	»	1	1	1	1	1	1
Jeu de courroies supplémentaires	»	1	»	»	»	1	1	»	»	1	»	1
Effets de pansage (4) : Brosse à cheval en soie (5)	»	1	»	1	»	1	»	1	»	1	»	1
Ciseaux (6)	»	1	1	1	1	1	»	1	1	1	1	1
Corde à fourrages	»	1	»	1	»	1	»	1	»	1	»	1
Éponge (5)	»	1	»	1	»	1	»	1	»	1	»	1
Etrille (5)	»	1	1	1	1	1	»	1	1	1	1	1
Sac à avoine	»	1	1	1	1	1	1	1	1	1	1	1
Effets de petite monture (4) : Boîte à graisse (7)	»	1	»	1	1	1	1	1	»	1	»	1
Brosse à habits (7)	»	1	»	1	»	1	1	1	1	1	1	1
Brosse à laver (7)	»	1	1	1	1	1	1	1	1	1	1	1
Brosse d'armes (7)	»	1	»	1	»	1	»	1	»	1	»	1
Cuiller	»	1	1	1	1	1	1	1	1	1	1	1
Trousse garnie, sans glace	»	1	1	1	1	1	1	1	1	1	1	1
Etui-musette (25)	»	1	1	»	1	»	1	1	1	1	1	1
Gaine et fourreau de sabre (25)	1	»	1	1	1	1	1	1	1	1	1	1
Gamelle individuelle (9)	»	1	1	1	1	1	1	1	1	1	1	1
Livret individuel	1	»	»	1	»	1	»	1	1	»	1	»
Morceau de savon	»	1	1	»	1	»	1	»	»	1	»	1
Mouchoir	1	»	»	1	»	1	»	1	1	1	1	»

(a) Les chasseurs d'Afrique appelés en Europe, en cas de mobilisation, conservent leur tenue de campagne, mais reçoivent des voitures régimentaires ainsi que des marmites de peloton.
Les *trompettes* emportent leur instrument muni de son cordon (armée active) et de sa courroie (régiments de réserve et armée territoriale).
(») Dans le sac de l'homme placé dans la voiture qu'il conduit.
(c) Le ceinturon délivré aux maréchaux des logis chefs est du modèle de la troupe.
* H. Sur l'homme; P. Dans le pacquetage.

RÉGIMENTS DE CAVALERIE DE FRANCE ET CAVALIERS DE REMONTE (a).

	DÉSIGNATION DES EFFETS OU OBJETS.	Cavalier monté.		Cavalier non monté.		Télégraphiste.		Infirmier, porte-sacoches, conducteur de voitures médicales ou de transport des blessés.		Un des cavaliers ordonnances du colonel et du lieutenant-colonel.		Conducteur de fourgons. Conducteur de la forge.	
		H*	P*	H	P	H	P	Π	H(a)	II	P(b)	H	P
PETIT ÉQUIPEMENT (suite).	Éperons à la chevalière (paire)	1	»	1	»	1	»	1	»	1	1	1	»
	Brides d'éperons (paire)	1	1	1	1	1	1	1	1	1	1	1	1
	Sous-pieds de jambière (paire)	1	1	1	1	1	1	1	1	1	1	1	1
	Pompon (selon l'arme)	1	»	1	»	1	»	»	»	»	»	»	1
	Sac à cartouches	»	1	1	»	»	1	»	»	»	1	»	1
	Sachet à pain de guerre	»	1	»	»	»	1	»	1	»	1	»	1
	Sifflet et son cordon (6)	1	»	1	»	1	»	1	»	»	1	»	»
CAMPEMENT.	Bidon individuel avec quart adhérent, courroie et enveloppe	1	»	1	»	1	»	1	1	1	1	1	»
	Étui de gamelle individuelle	»	1	1	»	»	1	»	1	»	1	»	1
	Marmite à 4 hommes (11)	»	»	»	»	»	»	»	»	»	»	»	»
	Marmite de peloton (10)	»	»	»	»	»	»	»	»	»	»	»	»
	Sachet à vivres	»	1	1	»	»	1	»	1	»	1	»	1
	Seau en toile	»	1(12)	»	»	»	1(12)	»	1	»	1	»	1(12)
ARMEMENT (k) (v).	Carabine (3) et son nécessaire d'armes (13)	1	»	1	»	»	»	»	»	»	»	1	»
	Cuirasse	1	»	»	»	»	»	»	»	»	»	»	»
	Revolver et son nécessaire d'armes (13)	1	»	»	»	1	»	1	»	1	»	»	»
	Sabre	1	»	»	»	1	»	»	»	1	»	»	»
	Lance (21)	1	»	»	»	»	»	»	»	»	»	»	»
MUNITIONS.	Paquets de cartouches { Pour carabine { Cuirassiers	3	5	3	5	»	»	»	»	»	»	3	5
	Autres corps	3	8	3	8	»	»	»	»	»	»	3	8
	Pour revolver	2	3	»	»	2	3	2	3	2	3	»	»
	Pétards	»	1	1	»	»	»	»	»	»	»	»	»
VIVRES ET FOURRAGES (c).	1 jour de pain de guerre	»	1	1	»	1	»	1	»	1	»	1	»
	3 jours de sucre et de café	»	1	1	»	1	»	1	»	1	»	1	»
	1 jour de conserve de viande	»	1	1	»	1	»	»	»	»	»	1	»
	1 jour de potage salé	»	1	1	»	1	»	»	»	»	»	»	»
	1 repas d'avoine (2 kilogr.)	»	1	»	»	»	»	1	1(15)	»	2(15)	»	2(15)
OUTILS (16).		»	»	»	»	»	»	»	»	»	»	»	»
HARNACHEMENT.	Bride complète	»	1	»	»	»	»	1	»	1	»	»	»
	Couverture (17)	»	»	»	»	»	»	»	»	»	»	»	»
	Ferrure (18)	»	»	»	»	»	»	»	»	»	»	»	»
	Clef à crampon (14)	»	»	»	»	»	»	»	»	»	»	»	»
	Harnais complet (19)	»	»	»	»	»	»	»	»	»	»	»	»
	Musette-mangeoire (20)	»	»	»	»	»	»	»	»	»	»	»	1
	Selle complète	»	1	»	»	»	»	»	1	»	»	»	»
	Surfaix de couverture (17)	»	»	»	»	»	»	»	»	»	»	»	»
	Paquet individuel de pansement (b)	1	»	1	»	1	»	1	»	1	»	1	»
	Lanternes (27)	»	»	»	»	»	»	»	»	»	»	»	»
	Couteau à conserve (1 pour 3 hommes)	»	1	»	1	»	1	»	1	»	1	»	1

(c) Non compris les vivres et fourrages de chemin de fer et de débarquement.
(b) Chaque homme de troupe doit toujours, en cas de guerre, être porteur d'un *paquet individuel de pansement* placé dans une des poches intérieures de la tunique ou de la veste.
(k) Le brigadier chargé de l'infirmerie des hommes ne reçoit aucun armement ni effet de grand équipement.
(v) *Mitrailleurs.* — Les gradés et cavaliers sont armés du revolver et du sabre; les conducteurs, du revolver seul: les cuirassiers sont sans cuirasse.
Nota. — Tous les effets qui ne figurent pas au nombre de ceux que le cavalier porte sur lui ou de ceux qui composent son paquetage seront laissés en magasin.
Vélocipédistes. — Les vélocipédistes ont la tenue indiquée à la page 12.

OBSERVATIONS.

Les adjudants ont la même tenue que les officiers de leur arme, moins les bottes à l'écuyère, qui sont remplacées par les jambières en cuir du modèle de la troupe. Ils n'ont pas d'étui porte-avoine, mais sont pourvus du sac à avoine.

Les adjudants doivent toujours porter, en cas de guerre, *un paquet individuel de pansement.*

L'usage de la jumelle et de la boussole-breloque est facultatif pour les adjudants.

Il est délivré un brassard de la Convention de Genève aux infirmiers, aux porte-sacoches, aux conducteurs de voitures médicales ou de transport de blessés et aux soldats ordonnances des médecins. Ces derniers conservent la tenue et l'armement des hommes montés du corps.

Un brassard d'un modèle particulier est également délivré aux conducteurs des fourgons.

(1) Les cavaliers non montés et les conducteurs de voitures portent la culotte avec jambières ou le pantalon de treillis, suivant la saison.

(2) Galonné pour les gradés.

(3) A l'exception des sous-officiers, des brigadiers fourriers, des trompettes, des maréchaux ferrants et des aides, d'un ordonnance du colonel et du lieutenant-colonel, du secrétaire monté du colonel, des télégraphistes, qui sont armés du revolver, ainsi que les sapeurs et élèves sapeurs des régiments de cuirassiers.

(4) Les sous-officiers et brigadiers fourriers n'emportent ni brosse, ni boîte à graisse, ni effets de pansage, à l'exception de la corde à fourrages, des ciseaux et du sac à avoine. Les effets de pansage sont attribués aux escadrons territoriaux comme aux escadrons actifs.

(5) A l'exception des sous-officiers et brigadiers fourriers.

(6) Pour les sous-officiers seulement.

(7) Pour 2 cavaliers; une collection complète pour les cavaliers ordonnances d'officiers sans troupe.

(8) La voiture de chaque escadron contient 20 paires de brodequins de pointures diverses; le fourgon-forge de l'état-major en contient 10 paires.

(9) Tous les militaires isolés reçoivent *un nécessaire individuel de campement*, en remplacement de la gamelle individuelle.

(10) Cet ustensile, délivré à raison d'un par peloton, est placé sur les fourgons.

(11) Pour 4 hommes.

Une marmite pour 4 hommes est délivrée aux escortes des quartiers généraux de division, de corps d'armée et d'armée.

Une marmite de peloton et trois marmites à 4 hommes sont attribuées aux hommes de troupe marchant avec l'état-major du régiment.

(12) Pour deux cavaliers.

Un seau en toile par groupe de 4 hommes ou moins de 4 hommes, aux isolés des quartiers généraux et des états-majors de formation de campagne.

Chaque cavalier ordonnance d'officier sans troupe reçoit un seau en toile.

(13 et 14) Le nécessaire d'armes est emporté par les brigadiers seulement. Les brigadiers et les cavaliers emportent la clef à crampons.

(15) L'avoine des chevaux d'attelage est placée sur les voitures.

(16) Par escadron, 2 haches, 2 pelles, 4 pioches, 4 scies articulées et 4 cisailles avec leurs accessoires portées par les sapeurs et les élèves sapeurs.

(17) Par cheval, une couverture et un surfaix.

(18) Par cheval, 1/2 ferrure et 16 clous plus 16 crampons à glace. Ces derniers sont portés sur les voitures régimentaires pendant la belle saison.

(19) Un harnais complet par cheval attelé.

(20) Par cheval, une musette-mangeoire.

(21) Les cavaliers des régiments de dragons endivisionnés sont armés de la lance.

(22) Les cavaliers de remonte sont considérés comme non montés.

(23 Les régiments de cavalerie faisant usage du casque doivent, en campagne, recouvrir leur coiffure du couvre-casque.
Chaque collection de guerre doit contenir un effet de cette nature.

(24) Képi pour les cavaliers de remonte.

(25) Pour les régiments actifs seulement.

(26) Pour les maréchaux des logis chefs seulement.

(27) Une par escouade au maximum.

Ordonnances. — Les ordonnances des officiers et assimilés compris dans les cadres des régiments de cavalerie à la mobilisation comptent, en principe, comme cavaliers de rang et sont armés et équipés comme les cavaliers montés.

Les chevaux de main des officiers sont confiés à des cavaliers comptant parmi les hommes à pied à raison d'un cavalier pour deux chevaux.

Ces hommes sont armés et équipés comme les cavaliers non montés; ils reçoivent en plus une collection d'effets de pansage et un seau en toile.

Les ordonnances des vétérinaires portant les sacoches d'ambulance vétérinaire sont armés du revolver au lieu de la carabine (régiments de l'intérieur, armée active et armée territoriale).

Les cavaliers ordonnances des officiers généraux et des officiers d'état-major des divisions et des brigades de cavalerie, qui ne sont pas comptés comme cavaliers de rang, ont tous, quel que soit le grade des officiers près desquels ils sont employés, la tenue prévue pour l'ordonnance non monté du colonel.

ARTILLERIE ET TRAIN DES EQUIPAGES (A).

DÉSIGNATION DES EFFETS OU OBJETS	ARTILLERIE — Hommes montés. H	P	Hommes non montés. H	P	TRAIN DES ÉQUIPAGES — Sous-officiers, trompettes, maréch. et ordonnances. H	P	Hommes montés. H	P	Hommes non montés. H	P
1	2	3	4	5	6	7	8	9	10	11
Plaque d'identité avec cordon	1	»	1	»	1	»	1	»	1	»
HABILLEMENT — Bandes molletières (paire)	1(1)	»	1(2)	»	»	»	»	»	»	»
Bâton ferré	»	1(1)	1(1)	»	»	»	»	»	»	»
Bourgeron de toile (galonné pour les gradés) (3)	»	1(4)	»	1(4)	»	1(4)	»	1	»	1
Capote	»	»	»	1	»	1	»	1	»	1
Ceinture de flanelle	1(3)	»	1(3)	»	1	»	1	»	1	»
Ceinture de laine	1(1)	»	1(1)	»	1	»	1	»	1	»
Culotte	1(5)	»	»	»	»	1	»	1	»	»
Jambières en cuir pour troupes à cheval (paire)	1(5)	»	»	»	»	»	1	»	»	»
Jersey	1(1)	»	1(1)	»	»	»	»	»	»	»
Manteau	»	1	»	»	»	1	»	1	»	»
Pantalon d'ordonnance	»	»	1	»	»	»	»	»	1	»
Petites jambières en cuir pour troupes à pied (paire)	»	»	1(6)	»	»	»	»	»	»	»
Veste (galonnée pour les gradés)	1	»	1	»	1	»	1	»	1	»
COIFFURE — Bonnet de police (galonné pour les gradés)	»	1(3)	»	1(3)	»	1	»	1	»	1
Képi (béret pour les alpins)	1	»	1	»	1	»	1	»	1	»
GRAND ÉQUIPEMENT (B) — Agrafe-support de mousqueton	»	»	»	»	1	»	1	»	1	»
Bretelle de mousqueton	1(6)	»	1(8)	»	1(a)	»	1	»	1	»
Cartouchières d'artillerie	2(7)	»	2(8)	»	»	»	»	»	»	»
Cartouchières du train des équipages	»	»	»	»	1(a)	»	1	»	1	»
Ceinturon d'homme monté (c)	1(9)	»	1(10)	»	1(a)	»	1	»	»	»
Ceinturon d'homme non monté	1(7)	»	1(5)	»	1(a)	»	»	»	1	»
Dragonne de sabre	»	1(9)	1(10)	»	1(a)	1(b)	1	»	1	»
Étui et lanière de revolver	1(11)	»	1(12)	»	1(b)	1(b)	»	»	»	»
Havresac d'artillerie (15)	»	1(13)	»	1(14)	»	»	»	»	»	»
Sac d'homme monté	»	1(16)	»	»	»	»	»	»	»	»
Sac en toile cachou	»	»	»	1(17)	»	»	»	»	»	»
Bretelles de pantalon (paire)	1	»	1	»	1	»	1	»	1	»
Brides d'éperons (paire)	1	1	1	»	1	»	1	1	»	»
Brodequins (18)	1	1(19)	1	»	1	»	1	1	1	1
Caleçon	1	1	1	1	1	1	1	1	1	1
Chemise	1	1	1	1	1	1	1	1	1	1
Cravate	1	»	1	»	1	»	1	»	1	»
PETIT ÉQUIPEMENT — Effets de pansage — Brosse en soie	»	1(20)	»	1(21)	»	1(c)	»	1(c)	»	1
Ciseaux	»	1(22)	»	1(23)	»	1(22)	»	»	»	1
Corde à fourrages	»	1(20)	»	1(21)	»	1	»	1	»	1
Éponge	»	1(20)	»	1(21)	»	1	»	1	»	1
Étrille	»	1(20)	»	1(21)	»	1(c)	»	1	»	1
Musette de pansage	»	1(20)	»	1(21)	»	1(r)	»	1	»	1
Sac à avoine	»	1(20)	»	1(21)	»	1	»	1	»	1
Torchon-serviette	»	1(20)	»	1(24)	»	1(c)	»	1	»	1
Effets de petite monture — Boîte à graisse	»	1/2(24)	»	1/2(26)	»	1/2(24)	»	1/2(24)	»	1/2(24)
Brosse à habits	»	1/2(24)	»	1/2(24)	»	1/2(24)	»	1/2(24)	»	1/2(24)
Brosse d'armes	»	1/2(24)	»	1/2(24)	»	1/2(24)	»	1/2(24)	»	1/2(24)
Brosse double à chaussures	»	1/2(24)	»	1/2(24)	»	1/2(24)	»	1/2(24)	»	1/2(24)
Cuiller	1	»	1	»	1	»	1	»	1	»
Trousse garnie (sans glace)	»	1	»	1	»	1	»	1	»	1
Éperons à la chevalière (paire)	1	»	»	»	1	»	1	»	»	»

DÉSIGNATION DES EFFETS OU OBJETS.	ARTILLERIE				TRAIN DES ÉQUIPAGES					
	Hommes montés.		Hommes non montés.		Sous-officiers trompettes, maréch. et ordonnances.		Hommes montés.		Hommes non montés.	
	H	P	H	P	H	P	H	P	H	P
	2	3	4	5	6	7	8	9	10	11
PETIT ÉQUIPEMENT (suite).										
Étui-musette	1	»	1	»	1	»	1	»	1	»
Fouet	1 [23]	»	1 [26]	»	»	»	1 [23]	»	1 [26]	»
Gamelle individuelle (nécessaire individuel de campement pour tous les isolés) [o]	»	1	»	1	»	1	»	1	»	1
Jeu de deux courroies de manteau [27]	»	1	»	1	»	1	»	1	»	1
Lacets de rechange (paire)	»	1	»	1	»	1	»	1	»	1
Livret individuel	»	1	»	1	»	1	»	1	»	1
Morceau de savon	1	1	1	1	1	1	1	1	1	1
Mouchoir de poche	»	1	»	1	»	1	»	1	»	1
Pantalon de treillis	1	»	1	»	1	»	1	»	1	»
Quart	»	1	»	1	»	1	»	1	»	1
Serviette [r]	»	1	»	1	»	1	»	1	»	1
Sifflet de signal	»	»	»	»	1 [22]	»	1 [b]	»	1 [b]	»
Sous-pieds d'éperons (paire)	1	1	»	»	1	1	1	1	»	»
CAMPEMENT [F].										
Étui et courroie de gamelle	»	1/4 [28]	»	1/4 [28]	»	1/4 [28]	»	1/4 [28]	»	1/4 [28]
Étui et courroie de marmite	»	1/4 [28]	»	1/4 [28]	»	1/4 [28]	»	1/4 [28]	»	1/4 [28]
Gamelle de campement	»	1/4 [29]	»	1/4 [29]	»	1/4 [29]	»	1/4 [29]	»	1/4 [29]
Hachette	»	1/8 [30]	»	1/8 [30]	»	1/8 [30]	»	1/8 [30]	»	1/8 [30]
Marmite de campement	»	1/4 [31]	»	1/4 [31]	»	1/4 [31]	»	1/4 [31]	»	1/4 [31]
Moulin à café	»	1/15 [32]	»	1/15 [32]	»	1/15 [32]	»	1/15 [32]	»	1/15 [32]
Petit bidon de 1 litre avec courroie et enveloppe	1	»	1	»	1	»	1	»	1	»
Sac à distribution	»	1/20 [33]	»	1/20 [33]	»	1/20 [33]	»	1/20 [33]	»	1/20 [33]
Sachets à pain de guerre [34]	»	2	»	2	»	2	»	2	»	2
Sachets à vivres collectifs	»	1/3 [35]	»	1/3 [35]	»	»	»	»	»	1/3 [35]
Sachet individuel pour vivres de réserve	»	1 [36]	»	1 [36]	»	1	»	1	»	1 [36]
Seau en toile	»	1/2 [37]	»	1/2 [37]	»	1/2 [37]	»	1/2 [37]	»	1/2 [37]
ARMEMENT [D].										
Ficelle pour le nettoyage de l'arme	»	1 [7]	»	1 [8]	»	1 [a]	»	1	»	1
Mousqueton	1 [7]	»	1 [8]	»	1 [a]	»	1	»	1	»
Nécessaire d'armes	»	1/6 [38]	»	1/6 [38]	»	1/6 [38]	»	1/6 [38]	»	1/6 [38]
Revolver	1 [11]	»	1 [12]	»	1 [b]	»	1	»	1	»
Sabre-baïonnette	1 [7]	»	1 [8]	»	1 [n]	»	1	»	»	»
Sabre de cavalerie légère	»	1 [9]	1 [14]	»	»	1 [e]	»	1	1	»
MUNITIONS [u]. Paquets de cartouches de mousqueton, en chargeurs	2 [7]	»	2 [8]	»	4 [a]	4 [a]	4	4	4	4
Paquets de cartouches de revolver	2 [11]	»	2 [12]	»	2	3 [h]	2	3	2	1
Couteau à conserves (1 pour 3 hommes)	»	1	»	1	»	1	»	1	»	1
Paquet individuel de pansement [39]	1	»	1	»	1	»	1	»	1	»
Brassard [o]	»	»	»	»	»	»	»	»	»	»
Cisaille [40]	»	»	»	»	»	»	»	»	»	»
Clef à crampons à tarauds [41]	»	»	»	»	»	»	»	»	»	»
Clef à crampons à vis [42]	»	»	»	»	»	»	»	»	»	»
Jumelle [43]	»	»	»	»	»	»	»	»	»	»
Lanterne [44]	»	»	»	»	»	»	»	»	»	»
Portefeuille d'estafette [r]	»	»	»	»	»	»	»	»	»	»
Sacoche de maréchal des logis chef [45]	»	»	»	»	»	»	»	»	»	»
Sacoche de maréchal ferrant [46]	»	»	»	»	»	»	»	»	»	»
Sacoche pour estafette des postes [t]	»	»	»	»	»	»	»	»	»	»
Trompette [47]	»	»	»	»	»	»	»	»	»	»
VIVRES DE RÉSERVE [H]. 2 jours de pain de guerre [48]	»	1	»	1	»	1	»	1	»	1
3 jours de petits vivres [49]	»	1	»	1	»	1	»	1	»	1
2 jours de potage salé [50]	»	1	»	1	»	1	»	1	»	1
3 jours de viande de conserve [51]	»	1	»	1	»	1	»	1	»	1

DÉSIGNATION DES EFFETS OU OBJETS.	PAR ANIMAL.
HARNACHEMENT... Couverture.	1
Ferrure.	1 (52)
Harnachement (de selle, de trait ou de bât)...	1
Musette-mangeoire.	1
Surfaix de couverture	1
FOURRAGES DE RÉSERVE (1). 1 jour d'avoine	1 (53)
Sac à avoine	1/8 (G)

OBSERVATIONS.

H, l'homme aura sur lui.

P, l'homme aura dans son paquetage.

(A) TENUE DES ADJUDANTS ET ASSIMILÉS.

Les adjudants ont, en principe, la même tenue que les officiers de leur arme, moins les bottes; ils portent les jambières avec éperons à la chevalière.

Les médecins auxiliaires, qui s'habillent à leurs frais, portent la tenue des adjudants des sections d'infirmiers avec attributs spéciaux.

Les adjudants et assimilés appartenant à la réserve ou à l'armée territoriale, qui ne sont pas possesseurs de leur tenue, reçoivent l'uniforme des sous-officiers de la troupe à laquelle ils appartiennent, muni des galons de grade et des attributs spéciaux réglementaires. Les lots de réserve de guerre des différentes unités doivent comprendre les effets nécessaires.

Les sous-officiers sont, en principe, habillés en hommes montés. Toutefois, ils sont habillés en hommes non montés dans les unités d'artillerie à pied, dans les compagnies ou sections d'ouvriers, et, dans l'artillerie de montagne, lorsqu'ils ne sont pas pourvus d'un cheval de selle, en vertu des tableaux d'effectifs de guerre.

Dans l'artillerie de campagne, les brigadiers (sauf infirmiers et brancardiers), sont toujours habillés en hommes montés. Ils sont habillés en hommes non montés dans l'artillerie à pied et dans l'artillerie de montagne, sauf lorsqu'ils sont pourvus d'un cheval de selle en vertu des tableaux d'effectifs de guerre. Dans le train des équipages, ils sont habillés en hommes montés ou non montés, suivant qu'ils sont qualifiés montés ou non montés par les tableaux d'effectifs de guerre.

Les aides-maréchaux ferrants et les trompettes sont toujours habillés en hommes montés, sauf dans l'artillerie à pied et dans les unités alpines d'artillerie de montagne.

Les soldats ordonnances d'officiers sont habillés en hommes montés dans l'artillerie de campagne et dans le train des équipages, en hommes non montés dans l'artillerie de montagne et dans l'artillerie à pied.

Les bourreliers, les ouvriers, les infirmiers et les brancardiers sont, en principe, habillés en hommes non montés, quel que soit leur grade. Toutefois, ils sont habillés en hommes montés dans les batteries à cheval, les sections de grand parc, les sections de parc affectées aux places ou disponibles, et les détachements du train affectés aux divisions de cavalerie.

Les autres hommes sont habillés en hommes montés ou non montés suivant que les tableaux d'effectifs de guerre les qualifient comme tels (pour l'artillerie : les classent comme servants à pied ou comme conducteurs ou servants à cheval).

Les *vélocipédistes*, prévus par les tableaux d'effectifs de guerre, reçoivent la tenue fixée par la Description des uniformes. Toutefois, leur équipement comporte le havresac du modèle de l'artillerie et dans le train des équipages la cartouchière spéciale à cette arme.

Les vélocipédistes supplémentaires, employés en campagne ou aux manœuvres par les états-majors et les unités, conservent la tenue et l'armement des autres hommes de leur arme. Ils reçoivent seulement une paire de bandes molletières qu'ils portent à la place des jambières en cuir. Leur pantalon ou leur culotte reçoit toujours un fond rapporté.

Les *automobilistes* reçoivent la tenue fixée par la Description des uniformes.

(B) BASES GÉNÉRALES DE L'ARMEMENT.

Dans l'*artillerie* : les adjudants et maréchaux des logis chefs, ainsi que les assimilés sont toujours armés du revolver et du sabre de cavalerie légère (toutefois, pour les ouvriers d'état, les gardiens de batterie et les chefs armuriers, le sabre est remplacé par l'épée de sous-officier).

Les maréchaux des logis sont armés du revolver avec sabre de cavalerie légère s'ils sont montés, du mousqueton avec sabre-baïonnette dans le cas contraire.

Les brigadiers et canonniers habillés en hommes montés sont armés du revolver, avec sabre de cavalerie légère s'ils sont pourvus d'un cheval de selle, seul dans le cas contraire. Toutefois, dans les sections de munitions et les sections de parc de toute nature, les hommes montés non pourvus d'un cheval de selle ou d'un attelage, sauf les ordonnances, sont armés du mousqueton avec sabre-baïonnette.

Les brigadiers et canonniers habillés en hommes non montés sont armés du mousqueton avec sabre-baïonnette. Toutefois, ceux de ces hommes qui sont ordonnances d'officiers montés sont armés du revolver.

Dans le *train des équipages* : les sous-officiers, trompettes et maréchaux ferrants, qu'ils soient pourvus d'un cheval de selle ou non, sont armés du revolver et du sabre de cavalerie légère.

Les soldats ordonnances d'officiers sont armés du mousqueton avec sabre-baïonnette s'ils sont attachés à un officier du train des équipages; ils sont armés du revolver s'ils sont attachés à un officier n'appartenant pas à cette arme.

Les autres hommes sont tous armés du mousqueton avec sabre-baïonnette. Toutefois, dans les escadrons territoriaux, les hommes pourront recevoir la carabine en attendant la constitution complète des approvisionnements en mousqueton.

Les hommes armés du mousqueton reçoivent 12 cartouches dans l'artillerie et 48 dans le train.

Les hommes armés du revolver reçoivent 12 cartouches dans l'artilleric et 30 dans le train. Toutefois, les soldats ordonnances du train des équipages, qui sont armés du revolver, ne reçoivent que 12 cartouches.

Les *vélocipédistes* prévus par les tableaux d'effectifs de guerre et les *automobilistes* sont armés du mousqueton sans sabre-baïonnette. Ils reçoivent 12 cartouches dans l'artillerie et 48 dans le train, comme les autres hommes armés du mousqueton.

ARMEMENT DU PERSONNEL NEUTRALISÉ.

En cas de guerre avec une puissance signataire de la Convention de Genève, le personnel attaché au service de santé se trouve neutralisé. Il reçoit alors l'armement ci-après avec le grand équipement correspondant :

Dans l'artillerie, les médecins auxiliaires conservent le sabre et le revolver; les ordonnances des médecins et les conducteurs de voitures médicales ou de petites voitures pour blessés conservent le revolver; les infirmiers et brancardiers non montés, brigadiers compris, et les conducteurs de mulets de cantines médicales, reçoivent le sabre-baïonnette série Z, à l'exclusion de toute autre arme à feu; les infirmiers pourvus d'un cheval de selle ne reçoivent que le sabre de cavalerie légère.

Dans le train des équipages, le personnel de conduite des formations sanitaires conserve toujours son armement normal.

En cas de guerre avec une puissance non signataire de la Convention de Genève, et en particulier hors d'Europe, le personnel attaché au service de santé conserve l'armement normal.

(c) Le ceinturon délivré aux maréchaux des logis chefs et aux adjudants, s'il y a lieu, est du même modèle que celui de la troupe.

(D) Les soldats ordonnances des officiers sans troupe reçoivent un nécessaire individuel de campement en remplacement de la gamelle individuelle.

(E) En attendant la constitution complète des approvisionnements en serviettes, les hommes sont autorisés à emporter une serviette d'un modèle facultatif.

(F) Dans la distribution des objets de campement collectifs aux unités ou aux états-majors, tous les groupements qui ne comprennent pas le nombre d'hommes auquel est normalement attribué chaque effet doivent recevoir cet effet.

Les lots d'objets de campement constitués pour la réserve de guerre de chaque unité ou état-major doivent contenir les sachets à pain de guerre et les sachets à vivres collectifs nécessaires pour les officiers de ces formations.

Dans certains cas, les troupes sont pourvues de couvertures de campement et de tentes-abris avec accessoires.

Dans les unités alpines, les tentes-abris sont dressées au moyen de deux bâtons ferrés, assemblés par une forte ficelle, et les couvertures de campement sont portées par les mulets de bât.

(G) BRASSARDS.

Les médecins et les soldats ordonnances des médecins, les sous-officiers et les hommes du train des équipages attachés à une formation sanitaire, les conducteurs de voitures médicales régimentaires, de petites voitures pour blessés et de mulets porteurs de cantines médicales, les infirmiers et les brancardiers, reçoivent, par les soins du service de santé, le brassard de la Convention de Genève qui, en cas de guerre avec une puissance signataire de cette Convention, leur confère la neutralité. Les musiciens et autres militaires, temporairement employés à titre de brancardiers, reçoivent également un brassard (ne conférant pas la neutralité).

Les militaires du train des équipages, employés au service de la trésorerie et des postes aux armées, ordonnances exceptés, reçoivent un brassard en drap gris de fer foncé avec passepoil garance, portant l'inscription : « Trésorerie et Postes ».

Les conducteurs des voitures à bagages et à vivres de l'artillerie et du train des équipages ne reçoivent pas de brassard.

(H) Les batteries à cheval et les détachements du train des équipages affectés aux divisions de cavalerie n'emportent comme vivres de réserve que : un jour de pain de guerre, trois jours de sucre, trois jours de café en tablettes, un jour de potage salé et un jour de viande de conserve.

Les vivres de réserve comprennent, en plus, pour toutes les formations, un seizième de litre d'eau-de-vie par homme, transporté dans un récipient unique pour tout le personnel de l'unité.

Au départ du lieu où elles mobilisent, les troupes transportent, en outre, leurs vivres de débarquement qui comprennent : deux jours de pain, de sel, de sucre et de café en grains, un jour de riz et de légumes secs et, en plus, pour les troupes rattachées aux divisions de cavalerie, un jour de potage salé et de viande de conserve.

Ces vivres sont constitués au taux de la ration forte de campagne.

(I) Les batteries à cheval et les détachements du train des équipages affectés aux divisions de cavalerie n'emportent que 2 kilogr. d'avoine de réserve par cheval.

Au départ du lieu où elles mobilisent, les troupes transportent, en outre, l'avoine de débarquement (5 kg. 500 en principe et 9 kilogr. pour les batteries à cheval et les détachements du train affectés aux divisions de cavalerie).

NOTA.

Tous les effets qui ne figurent pas au nombre de ceux que la troupe doit emporter en campagne sont laissés en magasin.

La présente décision est applicable aux troupes d'Afrique appelées en Europe en cas de mobilisation; la tenue des troupes en Afrique fait l'objet d'une décision spéciale (voir p. 43).

(1) Seulement pour les hommes des unités alpines.

(2) Seulement pour les hommes non montés des unités alpines, et pour les ordonnances des officiers montés dans l'artillerie à pied ou l'artillerie de montagne.

(3) Sauf pour les hommes des unités alpines.

(4) Les sous-officiers en seront dotés au fur et à mesure que les ressources disponibles le permettront.

(5) Dans les unités alpines, les sous-officiers et brigadiers montés font usage du pantalon d'ordonnance avec bandes molletières, en remplacement de la culotte avec jambières.

(6) Seulement pour les hommes énumérés au renvoi 7.

(7) Seulement pour les hommes montés armés du mousqueton (hommes montés non pourvus d'un cheval de selle ou d'un attelage, autres que les ordonnances dans les sections de munitions et les sections de parc de toute nature).

(8) Sauf pour les hommes non montés armés du revolver (maréchaux des logis chefs des unités d'artillerie à pied et des compagnies ou sec-

tions d'ouvriers, et ordonnances des officiers montés de l'artillerie de montagne ou de l'artillerie à pied).

(9) Seulement pour les sous-officiers et pour les hommes pourvus d'un cheval de selle.

(10) Seulement pour les maréchaux des logis chefs des unités d'artillerie à pied et des compagnies ou sections d'ouvriers.

(11) Sauf pour les hommes montés armés du mousqueton (énumérés au renvoi 7).

(12) Seulement pour les hommes non montés armés du revolver (énumérés au renvoi 8).

(13) Seulement pour les hommes montés non pourvus d'un cheval de selle ou d'un attelage.

(14) Sauf pour les sous-officiers non montés, les infirmiers et les ordonnances d'officiers dans l'artillerie de montagne.

(15) Les maréchaux des logis chefs et les sous-officiers rengagés des unités d'artillerie, dans lesquelles ces cadres ne sont pas mon'és, portent le havresac.

Dans l'artillerie de campagne, le havresac est toujours porté sur les voitures.

(16) Seulement pour les sous-officiers et pour les hommes montés pourvus d'un cheval de selle ou d'un attelage.

(17) Seulement pour les sous-officiers non montés, les infirmiers et les ordonnances d'officiers dans l'artillerie de montagne.

(18) Jusqu'à épuisement des approvisionnements, les hommes non montés pourront recevoir, comme chaussures de rechange, des souliers avec guêtre en toile et sous-pieds de rechange.

(19) Sauf pour les hommes des batteries à cheval. Chacune de ces batteries dispose de 20 paires de brodequins de rechange, de pointures diverses, transportées dans le fourgon à bagages de l'état-major du groupe.

(20) Sauf pour les adjudants et assimilés et pour les ordonnances des officiers d'administration non montés.

(21) Seulement pour les hommes non montés qui ont des animaux à panser (conducteurs muletiers ou en guides, et ordonnances d'officiers montés).

(22) Seulement pour les sous-officiers.

(23) Seulement pour les sous-officiers non montés des unités alpines.

(24) Une collection complète de trois brosses et une boîte à graisse pour deux hommes. Une collection complète pour les ordonnances des officiers sans troupe.

(25) Seulement pour les conducteurs à la daumont.

(26) Seulement aux conducteurs de mulets de bât.

(27) En attendant la constitution complète des approvisionnements, les jeux de deux courroies de manteau pourront être constitués provisoirement avec des courroies de divers modèles (courroies de paquetage, courroies de flanc de havresac...) percées au besoin des trous nécessaires.

(28) Un étui et une courroie par ustensile. Toutefois, les hommes de l'artillerie à pied et de l'artillerie de montagne ne touchent ni étuis, ni courroies d'ustensiles.

(29) Une gamelle de campement pour 4 hommes sauf dans les unités d'artillerie à pied où il n'est distribué qu'une gamelle pour 8 hommes.

(30) Une hachette pour 8 hommes, sauf dans les batteries et sections de munitions de 75. Dans ces dernières unités, les hommes utilisent les haches et les hachettes portées par les voitures.

(31) Une marmite de campement pour 4 hommes.

(32) Un moulin à café pour 15 hommes.

(33) Un sac à distribution pour 20 hommes, sauf dans les unités d'artillerie à pied où il est distribué un sac pour 8 hommes.

(34) **Les** hommes des batteries à cheval ou des détachements du train affectés aux divisions de cavalerie ne reçoivent qu'un seul sachet à pain de guerre.

(35) Un sachet à vivres collectifs pour 3 hommes, sauf dans les unités d'artillerie de montagne et d'artillerie à pied.

(36) Seulement pour les hommes des unités d'artillerie de montagne et d'artillerie à pied.

(37) Dans l'artillerie : un seau en toile pour 2 hommes équipés en homme monté ou pour 2 conducteurs muletiers; un pour 4 hommes équipés en homme non monté et non conducteurs muletiers.

Dans le train des équipages : un seau en toile pour 2 hommes. Chaque soldat ordonnance d'officier sans troupe reçoit un seau en toile.

(38) Un nécessaire d'armes pour 6 hommes ou pour toute fraction de moins de 6 hommes.

(39) En cas de guerre, chaque homme doit toujours être porteur d'un paquet individuel de pansement placé dans la poche intérieure de droite de la veste.

(40) Il est attribué, à chaque batterie de 75 ou de 155 C. T. R. et à chaque colonne légère de 155 C. T. R., trois cisailles à mains, confiées, en principe, aux éclaireurs de ces unités.

(41) Dans l'artillerie et le train des équipages, les sous-officiers, les brigadiers et les hommes pourvus d'un cheval de selle, et les ordonnances des officiers montés, reçoivent une clef à crampons à taraud. Les sous-officiers non montés de l'artillerie de montagne en reçoivent également une.

(42) Dans l'artillerie et le train des équipages, tous les hommes pourvus d'un attelage ou conducteurs d'un mulet de bât reçoivent une clef à crampons à pointe.

(43) **Les** adjudants et les maréchaux des logis chefs affectés à une batterie d'artillerie reçoivent une jumelle à la mobilisation. Ils sont autorisés, ainsi que les autres sous-officiers d'artillerie, à en porter une, d'un modèle facultatif, en temps de paix.

(44) **Les** corps sont autorisés à acheter dans le commerce, sur les fonds de la masse de chauffage et d'éclairage, et à faire emporter en campagne, un certain nombre de lanternes (8 au maximum) pour les batteries ou compagnies ne disposant pas normalement, dans leur matériel, d'un nombre suffisant de lanternes pour assurer la surveillance et le service pendant les marches de nuit et dans les cantonnements. Les lanternes nécessaires aux unités de nouvelle formation ne seront achetées qu'à la mobilisation, par les soins du corps mobilisateur.

(45) **Les** maréchaux des logis chefs des unités d'artillerie de campagne, d'artillerie de montagne, et du train des équipages, reçoivent une sacoche de maréchal des logis chef, du modèle adopté pour les unités de cavalerie.

(46) **Les** maréchaux ferrants montés doivent tous être pourvus d'une sacoche en cuir pour le transport de leurs outils.

(47) **Les** trompettes emportent leur instrument muni de son cordon (armée active) ou de sa courroie (armée territoriale).

(48) Six galettes par jour, en moyenne.

(49) 80 grammes de sucre et une tablette de 36 grammes de café par jour.

(50) Une tablette de 50 grammes de potage salé par jour.

(51) En principe, une boîte individuelle de 300 grammes par jour.

(52) On emporte en campagne pour chaque animal, cheval ou mulet, une ferrure complète, c'est-à-dire 4 fers, 40 clous et 32 crampons à glace.

Les approvisionnements à entretenir en temps de paix pour assurer l'existence de cette ferrure de réserve et permettre la mise en état de la ferrure de tous les animaux avant le départ des unités sont constitués à raison de :

Pour les animaux de l'effectif théorique de paix, une ferrure et demie entretenue par le maréchal abonnataire.

Pour les animaux à recevoir normalement de la réquisition, deux ferrures complètes.

L'approvisionnement en crampons à glace n'est, dans tous les cas, que de 32 crampons par animal.

(53) La ration journalière est de 5 kg. 750 d'avoine pour les chevaux de l'artillerie, de 5 kg. 500 pour les chevaux du train des équipages et de 4 kg. 500 pour les mulets.

a) Seulement pour les ordonnances d'officiers du train des équipages; ces hommes sont armés du mousqueton avec sabre-baïonnette;

b) Sauf pour les ordonnances d'officiers du train des équipages;

c) Sauf pour les sous-officiers;

d) Seulement pour les brigadiers;

e) Seulement pour les sous-officiers, les trompettes et les maréchaux ferrants, montés ou non montés;

f) Les estafettes montées du train des équipages employées au service de la trésorerie et des postes aux armées, sont pourvues, pour le transport des dépêches, d'une paire de sacoches qui se fixe sur le devant de la selle et, pour le transport des valeurs, d'un portefeuille qui se met en sautoir de l'épaule droite à la hanche gauche;

g) Les troupes du train des équipages emportent, en plus du sac à avoine attribué à chaque homme, un sac à avoine pour 8 chevaux, ou pour toute fraction de moins de 8 chevaux.

GÉNIE.

DÉSIGNATION DES EFFETS OU OBJETS.	Sapeurs-mineurs, aérostiers, télégraphistes et sapeurs de chemins de fer.		Sapeurs-conducteurs.	
	H*	P*	H	P
Plaque d'identité avec cordon	1	»	1	»
Bandes molletières (pour les alpins)	1	»	1	»
Bâton ferré (pour les alpins)	1	»	1	»
Habillement (A). Bourgeron-veste de toile (5)	»	»	»	1
Capote	1	»	1(1)	»
Ceinture de flanelle (1 *bis*)	1	»	1	»
Ceinture de laine (pour les alpins)	1	»	1	»
Jersey (pour les alpins)	1	»	1	»
Manteau	»	»	»	1(2)
Pantalon de treillis	»	1	»	1
Pantalon de drap	1	»	1(1)	»
Culotte avec jambières	»	»	1(2)	»
Tunique	»	1(3)	1(3)	»
Veste	»	1(4)	1(4)	»
Coiffure. Bonnet de police	»	»	»	1(5
Béret (pour les alpins)	1	»	1	»
Képi	1	»	1	»
Grand équipement (B). Bretelle de fusil	1(6)	»	»	»
Bretelle de suspension	1(6)	»	»	»
Cartouchière	3(6)	»	»	»
Ceinturon et accessoires	1(7)	»	1(35)	»
Dragonne de sabre ou d'épée	1(23)	»	»	1(35)
Etui de revolver avec lanière et courroie de ceinture pour les militaires équipés en homme monté ; avec courroie de ceinture pour ceux habillés en homme à pied dont l'équipement ne comporte pas de ceinturon	1(8)	»	1	»
Havresac (9)	1	»	»	»
Porte-épée-baïonnette	1(10)	»	»	»
Petit équipement. Bretelles (paire)	1	»	1	»
Brodequins (paire)	1	»	1	1(2)
Eperons à la chevalière (paire)	»	»	1(2)	»
Brides d'éperons (paire)	»	»	1(2)	1(2)

* (H) Sur l'homme ; (P) Paquetage de l'homme ou charge du cheval.

(A) Il est délivré un brassard : 1° aux infirmiers régimentaires, aux conducteurs de voitures médicales, aux soldats ordonnances des médecins et aux brancardiers des formations sanitaires et des corps de troupe (ce brassard, qui est celui de la convention de Genève, leur confère la neutralité) ; 2° aux musiciens et autres militaires temporairement employés à titre de brancardiers (ce dernier brassard ne confère pas la neutralité) ; 3° aux conducteurs de voitures régimentaires.

(B) Les tambours emportent l'équipement de tambour complet avec deux peaux de rechange, l'une de batterie et l'autre de timbre ; les tambours-majors et les caporaux-tambours, la canne spéciale à ces emplois.

Les clairons et trompettes emportent leur instrument muni de son cordon (armée active) et de sa courroie (armée territoriale).

DÉSIGNATION DES EFFETS OU OBJETS.	Sapeurs-mineurs, aérostiers, télégraphistes et sapeurs de chemins de fer.		Sapeurs-conducteurs.	
	H	P	H	P
Petit équipement. Sous-pieds de jambières (paire)...	»	»	1(2)	1(2)
Lacets de rechange (paire)...	»	1	»	1
Caleçon...	1	»	1	1
Calotte de coton...	»	1(1 bis)	»	»
Chemise...	1	1	1	1
Courroie de capote ou de manteau...	»	1	»	1
Cravate...	1	»	1	»
Effets de pansage (11). Brosse à chev. en soie...	»	»	»	1(4)
Ciseaux...	»	»	»	1(12)
Corde à fourrages...	»	»	»	1
Éponge...	»	»	»	1
Étrille...	»	»	»	1(4)
Musette de pansage...	»	»	»	1(4)
Sac à avoine...	»	»	»	1
Torchon-serviette...	»	»	»	1(4)
Effets de petite monture. Boîte à graisse...	»	1(13)	»	1(14)
Brosses { d'armes...	»	1(13)	»	1(14)
à habits...	»	1(13)	»	1(14)
double à chaussures...	»	1(13)	»	1(14)
Cuiller...	»	1	»	1
Trousse garnie sans glace...	»	1	»	1
Petit équipement (suite). Étui-musette...	1	»	»	1
Fouet...	»	»	1(15)	»
Gamelle individuelle...	»	1(16)	»	1
Guêtres de toile (paire)...	»	1	»	1(1)
Livret individuel...	»	1	»	1
Morceau de savon...	»	1	»	1
Mouchoir...	1	1	1	1
Petite besace...	»	»	1	1
Quart...	1	»	1	»
Souliers (paire)...	»	1	»	1(3)
Sous-pieds de rechange pour guêtres de toile (paire)...	»	1	»	1(1)
Campement (C). Étui et courroie { de gamelle...	»	»	»	1(17)
de marmite...	»	»	»	1(17)
Gamelle de campement (18)...	»	1(16)	»	1
Marmite de campement (19)...	»	1(16)	»	1
Moulin à café (20)...	»	1	»	1
Petit bidon de 1 litre avec courroie et enveloppe...	1	»	1	»
Sac à distribution...	»	1(21)	»	»
Sachets pour vivres de réserve...	»	2	»	2
Seau en toile (22)...	»	1	»	1

(C) Dans certains cas, les troupes sont pourvues de couvertures de campement et de sacs tentes-abris avec accessoires.

DÉSIGNATION DES EFFETS OU OBJETS.	Sapeurs-mineurs, aérostiers, télégraphistes et sapeurs de chemins de fer.		Sapeurs-conducteurs.	
	H	P	H	P
Armement. Epée de sous-officier...	1(23)	»	»	»
Fusil avec épée-baïonnette...	1(28)	»	»	»
Mousqueton...	1(29)	»	1(1)	»
Nécessaire d'armes...	»	1(24)	»	1(24)
Revolver...	1(26)	»	1	»
Sabre série Z...	1(26)	»	»	»
Sabre...	»	»	»	1(26)
Sabre-baïonnette...	1(29)	»	1(1)	»
Munitions. Cartouches { de fusil...	18	»	»	»
de revolver...	18	»	18	»
de mousqueton...	»(33)	»	»	»
Outils portatifs...	»	»(D)	»	»
Vivres et fourrages (E). 2 jours de pain de guerre...	»	1	»	1
2 jours de sucre et café...	»	1	»	1
2 jours de viande de conserve (50)...	»	1	»	1
2 portions de potage salé...	»	1	»	1
1 jour d'avoine (31)...	»	»	»	1
Harnachement (31). Bissac...	»	»	»	1
Couverture...	»	»	»	1
Ferrure (32)...	»	»	»	1
Harnachement de selle, de trait ou de bât...	»	»	»	1
Musette-mangeoire...	»	»	»	1
Surfaix...	»	»	»	1
Paquet individuel de pansement (F)...	1	»	1	»
Lanternes pour cantonnements et marches de nuit...	»	1(31)	»	»(34)
Couteaux à conserves (1 pour 3 hommes)...	»	1	»	1

(D) Les compagnies de sapeurs-mineurs divisionnaires, de corps ou de place, et les compagnies de sapeurs de chemins de fer emportent un assortiment d'outils. — Les compagnies d'aérostiers n'ont pas d'outils portatifs.

(E) Non compris les vivres et fourrages de chemin de fer et de débarquement.

(F) Chaque homme de troupe doit toujours, en cas de guerre, être porteur d'un *paquet individuel de pansement*, placé dans une des poches intérieures de la tunique ou de la veste.

Nota. — Tous les effets qui ne figurent pas au nombre de ceux que la troupe doit emporter en campagne sont laissés en magasin.

La présente décision est applicable aux troupes d'Afrique appelées en Europe, en cas de mobilisation.

Vélocipédistes. — Les vélocipédistes ont la tenue fixée par la description des uniformes. Leur équipement comporte le harnais du modèle des troupes à pied de l'arme.

Ordonnances. — La tenue des soldats ordonnances est indiquée à la page 18.

OBSERVATIONS

(1) Seulement pour les conducteurs d'animaux de bât des unités affectées aux formations alpines et des unités d'Algérie-Tunisie (ces hommes sont armés du mousqueton), ainsi que pour les sapeurs conducteurs des compagnies de mariniers (armés du fusil).

(1 *bis*) Sauf pour les alpins.

(2) A l'exception des sapeurs conducteurs indiqués au renvoi 1.

(3) Pour les sous-officiers, les brigadiers fourriers et les caporaux fourriers seulement.

(4) Les sous-officiers, les caporaux fourriers et les brigadiers fourriers exceptés.

(5) Galonnés pour les gradés.

(6) Pour les militaires armés du fusil ou du mousqueton.
Ne sont pas pourvus de bretelles de suspension :

1° Les hommes des compagnies territoriales qui n'entrent pas dans les formations de campagne;

2° Dans les troupes de campagne, les sergents et les fourriers. Les hommes de ces catégories ne reçoivent que deux cartouchières.

(7) Les sergents-majors emportent leur ceinturon d'épée.

(8) Pour les militaires énumérés au renvoi 25.

(9) Les sergents-majors, les sergents rengagés, les sapeurs conducteurs conduisant les animaux de bât ou haut-le-pied et tous les sapeurs conducteurs non montés portent le havresac en campagne. Les hommes de troupe non pourvus du nouvel équipement reçoivent un havresac muni de contre-sanglons avec crochets, ainsi que deux coulants de ceinturon servant à fixer ces crochets, si leurs cartouchières ne sont pas pourvues de triangles de suspension.

(10) Pour les militaires armés du fusil. Le porte-fourreau de sabre est substitué au porte-épée-baïonnette pour les militaires faisant usage du sabre série Z ou du sabre-baïonnette.

(11) Les hommes haut-le-pied n'ont pas d'effets de pansage; ils portent seulement une musette et un sac à avoine.

(12) Pour les sous-officiers et chaque brigadier chef de détachement.

(13) 3 jeux de brosses et 3 boîtes à graisse par escouade; une collection complète pour les ordonnances montés d'officiers sans troupe.

(14) Pour 2 hommes.

(15) Pour les conducteurs seulement.

(16) Tous les militaires isolés reçoivent *un nécessaire individuel de campement*, en remplacement de la gamelle individuelle et des ustensiles collectifs.

(17) Par ustensile.

(18) Sapeurs-mineurs, 1 pour 8 hommes; sapeurs conducteurs, 1 pour 4 hommes.

(19) Pour 4 hommes.

(20) Par escouade ou par groupe de 16 hommes.

(21) 2 par escouade.
1 sac par groupe d'isolés des quartiers généraux et des états-majors de formation de campagne, comprenant au moins 4 hommes.

(22) Pour 8 hommes (sapeurs mineurs); pour 2 hommes (sapeurs conducteurs). Un seau en toile par groupe de 4 hommes ou moins de 4 hommes aux isolés des quartiers généraux et des états-majors de formation de campagne.
Chaque ordonnance monté d'officier sans troupe reçoit un seau en toile.

(23) Pour les sergents-majors seulement. Les musiciens devenant brancardiers prennent l'armement et l'équipement réglementaires.

(24) 1 pour 4 hommes.

(25) Les sergents-majors, les tambours et les soldats ordonnances sont armés du revolver.

(26) Pour les tambours et les infirmiers régimentaires.

(27) Sergent, sergent fourrier, caporal fourrier, hommes des petits états-majors et des sections hors rang, conducteurs de fourgons de quartier général, 56 cartouches. Caporal, soldat, 88 cartouches.

(28) A l'exception des sergents-majors. tambours. infirmiers régimentaires, sapeurs aérostiers, sapeurs télégraphistes, sapeurs cyclistes, vélocipédistes et ordonnances.

(29) Pour les sapeurs aérostiers, les sapeurs télégraphistes et les sapeurs cyclistes et les vélocipédistes.

(30) Deux boîtes de 300 grammes chacune par homme.

(31) Par animal.

(32) 4 fers, 32 clous par animal.

(33) Il est délivré aux aérostiers, aux sapeurs télégraphistes et aux sapeurs cyclistes munis de mousqueton, aux conducteurs d'animaux de bât des unités affectées aux formations alpines et des unités d'Algérie-Tunisie, 36 cartouches.

Aux vélocipédistes, 18 cartouches; sous-officiers, 36 cartouches; caporaux et soldats, 78 cartouches.

(34) Les lanternes seront transportées sur le paquetage et réparties entre les compagnies de la manière suivante :

9 par chaque compagnie divisionnaire ou de corps;
  par chaque compagnie de sapeurs de chemins de fer;
  par chaque équipage de pont de corps d'armée;

5 par chaque demi-compagnie de vallée ou attachée à une brigade mobile;
  par chaque section d'aérostiers de campagne;
  par chaque parc du génie de corps d'armée;
  par chaque équipage de pont de division isolée;

3 par chaque parc du génie de division isolée;

1 par chaque détachement alpin;

10 par chaque compagnie de sapeurs conducteurs attelant un parc du génie d'armée.

(35) Seulement pour les sous-officiers, brigadiers, maîtres maréchaux ferrants et trompettes montés.

DÉSIGNATION DES EFFETS OU OBJETS	Sous-officiers de la justice militaire faisant partie des conseils de guerre (adjudants exceptés)		Sections de chemins de fer de campagne. Employés, chefs, sous-chefs ouvriers et ouvriers		Service de la trésorerie et des postes aux armées. Sous-agents		Service de la télégraphie militaire — Télégraphistes		Service de la télégraphie militaire — Chefs d'équipe, maîtres-ouvriers et ouvriers		Corps militaire des chasseurs forestiers. Sous-officiers, caporaux et soldats		Corps militaire des douanes. Sous-officiers, caporaux et soldats	
	IIe	Fe	H	P	H	P	H	P	H	P	H	P	H	P
Plaque d'identité avec cordon	1	»	1	»	1	»	1	»	1	»	1	»	1	»
HABILLEMENT (A).														
Veste de travail en treillis bleu	»	»	»	1(6 bis)	»	»	»	»	»	»	»	»	»	»
Caban à capuchon	»	»	»	»	»	»	»	1	»	1	»	»	»	»
Capote	»	»	1	»	1	»	1	»	1	»	1	»	1	»
Ceinture de flanelle	1	»	1	»	1	»	1	»	1	»	1	»	1	»
Collet à capuchon	»	»	»	»	»	»	»	»	»	»	1	»	1	»
Gilet	»	»	»	»	1	»	»	»	1	»	»	»	»	»
Jaquette	»	»	»	»	»	»	»	»	»	»	1	»	»	»
Manteau à capuchon	1	»	1	»	1	»	1	»	1	»	1	»	1	»
Pantalon de drap	1	»	1	»	1	»	1	»	1	»	1	»	1	»
Pantalon de toile ou treillis (employés exceptés)	»	1	»	1	»	1	»	1	»	»	»	»	»	»
Tenue de travail (blouse en lainage et pantalon en treillis bleu)	»	»	»	»	»	»	»	1	»	»	»	»	»	»
Tunique	1	1	»	»	1	1	»	»	»	»	»	»	»	»
Vareuse-veston	»	»	»	»	1	1	»	»	»	1	»	»	»	»
Veste	»	»	»	1	»	»	»	1	»	1	»	»	»	1
Veston	»	»	»	»	»	»	»	»	»	»	»	»	»	1
COIFFURE.														
Casquette	»	»	»	»	1	»	»	»	»	»	»	»	»	»
Képi	1	»	1	»	1	»	1	»	1	»	1	»	1	»
Manchon en toile de coton pour képi	»	»	1(17)	»	»	»	»	»	»	»	»	»	»	»
GRAND ÉQUIPEMENT (B).														
Bretelle de fusil	»	»	»	»	»	»	»	»	»	»	1(2)	»	1(2)	»
Bretelle de carabine	»	»	»	»	»	»	»	»	»	»	1(11 b)(2)	»	»	»
Ceinturon complet	1	»	1	»	1	»	1	»	1	»	1(3)	»	1(3)	»
Dragonne de sabre	»	»	1	»	»	»	»	»	»	»	1(4)	»	1(4)	»
Étui de revolver	»	»	1	»	1	»	1	»	1	»	1(1)	»	1	»
Havresac	1(5)	»	»	»	»	»	1	»	1	»	1	»	1	»
Sac-besace	»	»	»	»	1	»	»	»	»	»	»	»	»	»
Bretelle de suspens. de cartouch.	»	»	»	»	»	»	»	»	1(26 bis)(3)	»	1(26 bis)(3)	»	1(13)	»
Cartouchière d'infanterie	»	»	»	»	»	»	»	»	3(26 bis)(2)	»	3(26 bis)(2)	»	3(7)(14)	»
Cartouchière de cavalerie	»	»	»	»	»	»	»	»	1(11 b)(4)	»	1(11 b)(4)	»	»	»
PETIT ÉQUIPEMENT (C).														
Brodequins (paire)	»	»	1	1	1	1	1	1	1	1	1	»	1	»
Bretelles (paire)	»	»	1	»	1	»	1	»	1	1	1	»	1	1
Chemise	»	»	1	1	1	1	1	1	1	1	1	»	1	1
Courroie de capote	»	»	»	1	»	»	»	1	»	1	»	1	»	»
Cravate de coton	»	»	»	»	1	1	1	»	1	»	1	»	1	1
Calotte de coton	»	»	»	1	»	1	»	1	»	1	»	1	»	1
Caleçon	»	»	1	»	1	1	1	1	1	1	1	»	1	1
Effets de petite monture — Boîte à graisse (6)	»	»	»	1	1	1	»	1	»	1	»	1	»	1
Effets de petite monture — Brosse d'armes (6)	»	»	»	1	»	1	»	1	»	1	»	1	»	1
Effets de petite monture — Brosse double à chaussures (6)	»	»	»	1	»	1	»	1	»	1	1	1	»	1
Effets de petite monture — Brosse à habits (6)	»	»	»	1	»	1	»	1	»	1	1	1	»	1
Cuiller	»	»	»	1	»	1	»	1	»	1	1	1	»	1
Trousse garnie (sans glace)	»	1	»	1	»	1	»	1	»	1	1	1	»	1

(*) H. Sur l'homme; P. Dans le paquetage.

DÉSIGNATION DES EFFETS OU OBJETS.	Sous-officiers de la justice militaire faisant partie des conseils de guerre (adjudants exceptés).		Sections de chemins de fer de campagne. Employés, chefs, sous-chefs ouvriers et ouvriers.		Service de la trésorerie et des postes aux armées. Sous-agents.		SERVICE DE LA TÉLÉGRAPHIE MILITAIRE. Télégraphistes.		Chefs d'équipe, maîtres-ouvriers et ouvriers.		Corps militaire des chasseurs forestiers. Sous-officiers, caporaux et soldats.		Corps militaire des douanes. Sous officiers, caporaux et soldats.	
	H	P	H	P	H	P	H	P	H	P	H	P	H	P
PETIT ÉQUIPEMENT. (c). (Suite.)														
Étui-musette	»	1	1	»	1	»	»	1	1	»	1	»	1	1
Gamelle individ^lle (7)	»	»	»	1	»	»	»	»	»	»	»	1	»	1
Guêtres de toile (paire)	»	»	»	»	»	»	»	»	»	»	»	1	»	1
Livret individuel	»	1	1	1	1	1	1	1	1	1	1	1	1	1
Morceau de savon	»	»	1	1	1	1	1	1	1	1	»	1	»	1
Mouchoir	»	»	1	1	1	»	1	»	»	1	»	1	»	1
Quart	»	»	1	»	1	»	»	»	»	1	»	1	»	1
Souliers (paire)	»	»	»	»	»	»	»	»	»	1	»	1	»	1
Sous-pieds de rechange pour guêtres (paire)	»	»	»	»	»	»	»	»	»	»	»	1	»	1
CAMPEMENT (D).														
Couverture	»	»	»	»	»	»	»	1	»	1	»	1	»	1
Gamelle de campement (8)	»	»	»	1	»	»	»	1	»	1	»	1	»	1
Hachette (9)	»	»	»	1	»	»	»	1	»	1	»	1	»	1
Marmite de campement (8 bis)	»	»	»	1	»	»	»	1	»	1	»	1	»	1
Moulin à café (10)	»	1	»	1 (I)	»	1 (11)	»	1 (11)	»	1 (11)	»	1 (11)	»	1 (11)
Nécessaire individuel de campement	»	»	»	»	»	»	»	»	1 (17)	»	1 (12)	»	1 (12)	»
Petit bidon de 2 litres	»	»	»	»	»	»	»	»	»	»	»	»	»	»
Petit bidon de 1 litre avec courroie et enveloppe	»	»	1	»	1	»	1	1	1	1	1	»	1	1
Sac à distribution (9)	»	2	»	2	»	2	»	2	»	2	»	2	»	2
Sachets à vivres	»	»	»	1	»	1	»	1	»	1	»	1	»	1
Seau en toile (9)	»	»	»	1	»	1	»	1	»	1	»	1	»	1
ARMEMENT (D).														
Fusil avec épée-baïonnette	»	»	»	»	»	»	»	»	»	»	1 (2)	»	1 (3)(12)	»
Carabine de cavalerie	»	»	»	»	»	»	»	»	»	»	1 (11b)(2)	»	1	»
Nécessaire d'armes	»	»	1	»	1	»	1	»	1	»	1	»	1 (4)(15)	»
Revolver	1	»	1	»	1	»	1	»	1	»	1 (4)	»	1 (11)	»
Sabre — baïonnette, série Z	»	»	1	»	»	»	»	»	»	»	»	»	»	»
Sabre — modèle des adjudants	1	»	»	»	»	»	»	»	»	»	1 (4)	»	1 (4)	»
Sabre — de cavalerie légère	»	»	»	»	»	»	»	»	»	»	1 (11b)(2)	»	»	»
MUNITIONS (13) (B).														
Paquets de cartouches — fusil	»	»	»	»	»	»	»	»	»	»	15 (2b)(2)	»	6	7
Paquets de cartouches — carabine	»	»	»	»	»	»	»	»	»	»	3 (11b)(2)	5 (11b)(2)	2 (4)(13)	1 (4)(13)
Paquets de cartouches — revolver	»	»(15)	2	1	2	1	2	1	2	1	2 (1)	1 (4)	»	»
VIVRES (E).														
Deux jours de — pain de guerre	»	1	»	1	»	1	»	1	»	1	»	1	»	»
Deux jours de — sucre et café	»	1	»	1	»	1	»	1	»	1	»	1	»	»
Deux jours de — viande de conserve (16)	»	1	»	»	»	1	»	1	»	1	»	1	»	»
2 portions de potage condensé	»	»	»	»	»	»	»	1	»	»	»	1	»	»
Paquet individuel de pansement (F)	1	»	1	»	1	»	1	»	1	»	1	»	1	»
Couteaux à conserve (1 pour 3 hommes)	»	1	»	1	»	1	»	1	»	1	1	»	»	1

OBSERVATIONS.

(1) Pour les employés, les chefs et sous-chefs ouvriers.

(2) Excepté les sergents-majors des chasseurs forestiers, ainsi que les sergents-majors et les tambours des douanes.

(2 *bis*) Les sous-officiers de chasseurs forestiers armés du fusil ne reçoivent que 2 cartouchières sans bretelle de suspension et 7 paquets de cartouches.

(3) Les sergents-majors portent le ceinturon en cuir verni. Les chasseurs forestiers d'Algérie portent le ceinturon de cavalerie.

(4) Pour les sergents-majors.

(5) Les sergents-majors et les sous-officiers rengagés portent le havresac en campagne.

(6) 4 jeux de brosses et 4 boîtes à graisse par escouade dans les sections constituées, ou 1 jeu de brosses et 1 boîte à graisse par groupe de 4 hommes; 1 jeu de brosses et 1 boîte à graisse par homme pour ceux qui doivent opérer individuellement.

(6 *bis*) Pour les chefs, sous-chefs, premiers ouvriers et ouvriers. Galonné pour les gradés.

(7) Pour les groupes appelés à opérer ensemble.

(8) Distribuées à raison d'une pour 8 hommes pour les groupes appelés à opérer ensemble.

(8 *bis*) Distribuées à raison d'une pour 4 hommes pour les groupes appelés à opérer ensemble.

(9) Pour 4 hommes.

(10) Pour 15 hommes.

(11) Pour les groupes isolés. Les ustensiles individuels ne seront pas remplacés par des ustensiles collectifs en cas de groupement ultérieur des fractions isolées.

(11 *bis*) Pour les chasseurs forestiers d'Algérie.

(12) Pour les chasseurs forestiers et douaniers d'Algérie.

(13) L'autorité militaire sous les ordres de laquelle sont placées les unités de douaniers, fixe, selon les opérations, l'arme et la quantité de cartouches à emporter.

(14) Pour les tambours.

(15) Ces sous-officiers reçoivent 18 cartouches de revolver.

(16) Deux boîtes de 300 grammes chacune par homme.

(17) Pour les chefs et sous-chefs de gare.

(18) Pour les préposés pourvus du havresac modèle 1893. Les préposés encore pourvus du havresac modèle 1882 n'emportent qu'une poche à cartouches du modèle des douanes.

(A) **Habillement.** — Les agents du service télégraphique du territoire, mis sur le pied de guerre, portent un brassard qui reçoit en son milieu l'attribut du service.

(B) **Grand équipement, armement et munitions.** — Selon les circonstances, les employés, les chefs et sous-chefs ouvriers et les ouvriers des sections de chemins de fer de campagne peuvent être armés du fusil sur l'ordre du général en chef; ils reçoivent alors une bretelle de fusil, une ou deux cartouchières et des munitions.

Les sous-officiers de la justice militaire emportent le grand équipement (ceinturon complet et étui de revolver) du temps de paix. Au moment de la mobilisation, ils reçoivent un havresac des magasins de l'Etat.

(c) **Petit équipement.** — Au moment de la mobilisation, les employés, les chefs et sous-chefs ouvriers et les ouvriers des sections de chemins de fer de campagne reçoivent, s'il est nécessaire, des magasins de l'Etat, à charge de remboursement, les effets de petit équipement et les ceintures de flanelle indiqués dans le tableau ci-contre.

Les sous-officiers de là justice militaire emportent un étui-musette qu'ils reçoivent des magasins de l'Etat; cet étui est garni des effets de petit équipement strictement nécessaires (linge, brosses, etc.), qui sont leur propriété dès le temps de paix.

(D) **Campement.** — Dans certains cas, les agents et sous-agents du service de la télégraphie militaire, ainsi que les troupes des chasseurs forestiers et des douaniers, sont pourvus de couvertures de campement et de sacs tentes-abris avec accessoires.

Les sous-officiers de la justice militaire reçoivent un nécessaire individuel de campement des magasins de l'Etat.

Le matériel de campement reconnu nécessaire au service de la trésorerie et des postes aux armées est fourni par le Ministre de la guerre, à charge de remboursement par le Département des finances.

(E) **Vivres.** — Non compris les vivres et fourrages de chemin de fer et de débarquement.

Dans le cas où les sections de chemins de fer de campagne ne pourraient se procurer directement des vivres, les agents supérieurs et secondaires sont autorisés à percevoir dans les magasins de l'Etat, à charge de remboursement, les vivres et les denrées qui leur sont nécessaires.

(F) Les militaires, agents et employés désignés dans le présent tableau doivent toujours porter, en cas de guerre, *un paquet individuel de pansement*, placé dans la poche intérieure de la tunique, capote, vareuse ou jaquette, selon le cas.

Dispositions diverses.

La tenue dont la composition est indiquée ci-contre est prise dans toutes les réunions prescrites, *en temps de paix*, par l'autorité militaire.

Il est expressément interdit aux personnels des divers services ou corps de porter, *aux armées*, des effets bourgeois, ainsi que tout uniforme autre que celui spécifié dans le présent tableau.

Le Ministre de l'agriculture fixe l'uniforme du corps des chasseurs forestiers et assure l'habillement, la coiffure et le petit équipement des préposés. Le Département de la guerre pourvoit au grand équipement, au campement et à l'armement.

Le Ministre des finances fixe l'uniforme du corps militaire des douanes et assure l'habillement, la coiffure et le petit équipement des préposés. Le Département de la guerre pourvoit au campement, à l'armement et au grand équipement.

Il n'existe pas d'adjudant dans les corps des chasseurs forestiers et des douanes.

Nota. — La présente décision est applicable aux militaires, agents et employés détachés en Afrique et qui sont appelés en Europe en cas de mobilisation.

TENUE DES TROUPES EN AFRIQUE.

Infanterie et sections (Voir page 13).

Artillerie et train des équipages militaires, Génie.

Les batteries d'artillerie et les compagnies du train, les troupes du génie, détachées en Algérie-Tunisie, appliquent les dispositions de la décision sur la tenue de campagne des troupes de France, en ce qui concerne la tenue de campagne de leur arme, sous la réserve des indications générales figurant au tableau ci-dessus et qui leur sont applicables, savoir :

Batteries d'artillerie et compagnies du train. — Ajouter : « Couvre-nuque en coton, ceinture de laine, sac tente-abri avec accessoires; en sus, pour chaque homme non monté : demi-couverture de campement; remplacer le petit bidon de 1 litre par un bidon de 2 litres. »

Troupes du génie. — Ajouter : « Bourgeron veste en toile, couvre-nuque en coton, ceinture de laine, sac tente-abri avec accessoires, petite couverture de campement (pour les sapeurs conducteurs, ceux conducteurs d'animaux de bât seulement), un sac à distribution (pour tous les sapeurs conducteurs à raison d'un sac pour 4 hommes); remplacer le petit bidon de 1 litre par un bidon de 2 litres.

« Les sapeurs conducteurs reçoivent le mousqueton avec baïonnette (à l'exclusion du revolver) et un ceinturon avec accessoires.

« Les différents éléments ci-dessus indiqués utilisent le matériel de campement en usage en Afrique (à 8 ou à 4); ils sont, de plus, munis de rations de vivres et de fourrages, telles qu'elles sont indiquées pour les troupes à pied. »

CAVALERIE (CHASSEURS D'AFRIQUE).

DÉSIGNATION DES EFFETS OU OBJETS.	CAVALIERS montés — H°.	CAVALIERS montés — P°.	CAVALIERS non montés — H.	CAVALIERS non montés — S°.	TÉLÉGRAPHISTES — H.	TÉLÉGRAPHISTES — P.	INFIRMIERS porte-sacoches — H.	INFIRMIERS porte-sacoches — P.	Un des ORDONNANCES du colonel ou lieut.-colonel — H.	Un des ORDONNANCES du colonel ou lieut.-colonel — S.	CONDUCTEURS de chevaux ou de mulets de bât. — H.	CONDUCTEURS de chevaux ou de mulets de bât. — S.	CONDUCTEURS de voitures à vivres. — H.	CONDUCTEURS de voitures à vivres. — S.	VÉLOCIPÉDISTES — H.	VÉLOCIPÉDISTES — S.
Plaque d'identité avec cordon (1)	1	»	1	»	1	»	1	»	1	»	1	»	1	»	1	»
Paquet individuel de pansement (2)	1	»	1	»	1	»	1	»	1	»	1	»	1	»	1	»
HABILLEMENT. — Bourgeron (3)	»	1	»	1	»	1	»	1	»	1	»	1	»	1	»	1
Ceinture de flanelle	1	»	1	»	1	»	1	»	1	»	1	»	1	»	[illegible]	[illegible]
Ceinture de laine	1	»	1	»	1	»	1	»	1	»	1	»	[illegible]	[illegible]	[illegible]	[illegible]
Ceinture de laine (modèle des chasseurs alpins)	»	»	»	»	»	»	»	1	1	»	»	1	»	1	1	»
Manteau	»	1	»	1	»	1	»	1	1	»	»	1	»	1	[illegible]	[illegible]
Manteau à capuchon en drap (modèle des chasseurs alpins)	»	»	»	»	»	»	»	»	»	»	»	»	»	1	1	»
Culotte	1	»	»	1	1	»	1	»	1	»	»	1	»	1	1	»
Brassard	»	»	»	»	»	»	»	»	»	»	»	»	»	»	1	»
Veste avec pattes d'épaule	1	»	»	1	1	»	1	»	1	»	1	»	»	1	[illegible]	[illegible]
Vareuse-dolman du m" des ch. alpins	»	»	»	»	»	»	»	»	»	»	»	»	»	»	1	»
COIFFURE. — Casquette avec couvre-nuque	1	»	1	»	1	»	1	»	1	»	1	»	1	»	1	»
Chéchia av. gland et couvre-nuque (4)	»	1	»	1	»	1	»	1	»	1	»	1	»	1	»	1
GRAND ÉQUIPEMENT. — Bretelle de carabine	1	»	1	»	»	»	»	»	»	»	1	»	1	»	1	»
Sacoche de mar. des logis chef (5)	»	»	»	»	»	»	1	»	»	»	1	»	1	»	1	»
Cartouchière	1	»	1	»	»	»	»	»	»	»	»	»	»	»	1	»
Trompette (6)	»	»	»	»	»	»	»	»	»	»	»	»	»	»	»	»
Ceinturon avec bélière (7)	1	»	1	»	1	»	1	»	1	»	1	»	1	»	1	»
Courroie-ceinture	»	»	»	»	»	»	»	»	»	»	»	»	»	»	1	»
Dragonne	»	1	»	»	»	1	»	1	»	1	»	»	»	»	»	1
Havresac du modèle de l'infanterie	»	»	»	»	»	»	»	»	»	»	»	»	»	»	»	1
Étui et lanière de revolver	1	»	»	»	1	»	»	»	1	»	»	»	»	»	1	»
PETIT ÉQUIPEMENT. — Sac à dépêches	»	»	»	»	»	»	»	»	»	»	»	»	»	»	1	»
Jambières en cuir (paire)	1	»	1	»	1	»	1	»	1	»	1	»	1	»	1	»
Bandes molletières (paire) (modèle des chasseurs alpins)	»	»	»	1	1	»	»	»	1	»	1	»	1	»	1	»
Brodequins avec lacets (paire) (8)	1	»	1	»	1	»	1	»	1	»	1	»	1	»	1	»
Lacets pour brodequins (paire de rechange)	»	1	»	1	»	1	»	1	»	1	»	1	»	1	»	1
Éperons à la chevalière (paire)	1	»	»	1	1	»	1	»	»	1	»	1	»	1	»	»
Sous-pieds et brides d'éperons (pai")	1	1	»	2	1	1	1	1	»	1	»	2	»	2	»	1
Espadrilles (paire) (9)	»	1	»	1	»	1	»	1	»	1	»	1	»	1	»	1
Ceinture en sangle (10)	1	»	1	»	1	»	1	»	1	»	1	»	1	»	1	»
Caleçons	1	1	1	1	1	1	1	1	1	1	1	1	1	1	1	1
Chemises (11)	1	1	1	1	1	1	1	1	1	1	1	1	1	1	1	1
Jersey du mod. des chasseurs alpins	»	»	1	»	1	»	1	»	1	»	1	»	»	»	1	»
Cravates	1	1	1	»	»	1	»	1	1	»	1	»	1	»	1	»
Jeu de courroies supplémentaires	»	»	»	1	»	1	»	1	»	1	»	1	»	1	»	1
Courroie de sautoir	»	1	»	»	»	1	»	1	»	1	»	1	»	1	»	»
Effets de pansage. — Bros" à chev' en soie (12)	»	1	»	»	»	»	»	»	»	1	»	1	»	»	»	»
Ciseaux (13)	»	1	»	1	»	1	»	1	»	1	»	1	»	1	»	1
Corde à fourrage	»	1	»	1	»	1	»	1	»	1	»	1	»	1	»	1
Éponge	»	1	»	1	»	1	»	1	»	1	»	1	»	1	»	1
Étrille (12)	»	1	»	1	»	1	»	1	»	1	»	1	»	1	»	1
Sac à orge	»	1	»	1	»	1	»	1	»	1	»	1	»	1	»	1
Effets de petite monture. — Boîte à graisse (12)	»	1	»	1	»	1	»	1	»	1	»	1	»	1	»	1
Brosse à habits (12-14)	»	1	»	1	»	1	»	1	»	1	»	1	»	1	»	1
Brosse à laver (12-14)	»	1	»	1	»	1	»	1	»	1	»	1	»	1	»	1

(*) H. Sur l'homme. — P. Dans le paquetage. — S. Dans le sac de l'homme.

DÉSIGNATION DES EFFETS OU OBJETS	CAVALIERS montés		CAVALIERS non montés		TÉLÉGRAPHISTES		INFIRMIERS porte-sacoches	
	H.	P.	H.	S.	H.	P.	H.	P.
PETIT ÉQUIPEMENT. (suite). Effets de petite monture. (Suite). — Brosse d'armes (12)	»	1	»	1	»	1	»	1
Cuiller	»	1	1	»	»	1	»	1
Trousse garnie	»	1	»	1	»	1	»	1
Étui-musette (15)	»	1	1	»	»	1	»	1
Gamelle individuelle (16)	»	1	1	»	»	1	»	1
Livret individuel	1	»	1	»	1	»	1	»
Savon	»	1	»	1	»	1	»	1
Serviette (17)	»	1	»	1	»	1	»	1
Mouchoir	1	»	1	»	1	»	1	»
Pantalon de treillis	»	1	1(18)	»	»	1	»	1
Pompon	1	»	1	»	1	»	1	»
Sachet à cartouches	»	1	1	»	»	1	»	1
Sifflet et son cordon (19)	»	»	»	»	»	»	»	»
CAMPEMENT. Bidon de 2 litres, courroie et quart	1	»	1	»	1	»	1	»
Petit bidon avec quart adhérent (modèle de la cavalerie)	»	»	»	»	»	»	»	1
Étui de gamelle individuelle	»	1	1	»	»	1	»	1
Gamelle à 4 hommes avec étui et courroie (20)	»	»	»	»	»	»	»	»
Marmite à 4 hommes avec étui et courroie (21)	»	»	»	»	»	»	»	»
Moulin à café (22)	»	»	»	»	»	»	»	»
Sachet à vivres	»	1	»	1	»	1	»	1
Seau en toile (23)	»	1	»	1	»	1	»	1
Sac tente-abri avec accessoires	»	1	»	1	»	1	»	1
Hachette de camp' avec manche (24)	»	»	1	»	»	»	1	»
ARMEMENT (A). Carabine et son nécess. d'armes (25)	1	»	1	»	1	»	1	»
Revolver (26)	»	»	»	»	»	»	»	»
Sabre 27)	1	»	1	»	1	»	1	»
MUNITIONS. paquets de cartouches — pour carabine	3	8	8	»	»	»	3	8
pour revolver	2	3	»	»	»	»	2	3
Pétards (28)	»	»	»	»	»	»	»	»
Boîte de détonateurs (29)	»	»	»	»	»	»	»	»
VIVRES (30) ET FOURRAGES (31).	»	»	»	»	»	»	»	»
	»	»	»	»	»	»	»	»
Outils de sapeurs (32)	»	»	»	»	»	»	»	»
HARNACHEMENT. Bride (33)	»	»	»	»	»	»	»	»
Couverture (34)	»	»	»	»	»	»	»	»
Ferrure (35)	»	»	»	»	»	»	»	»
Harnachement de trait (36)	»	»	»	»	»	»	»	»
Harnachement de bât (37)	»	»	»	»	»	»	»	»
Musette-mangeoire (34)	»	»	»	»	»	»	»	»
Selle (33)	»	»	»	»	»	»	»	»
Surfaix de couverture (34)	»	»	»	»	»	»	»	»
Bissac (33)	»	»	»	»	»	»	»	»
Entrave (34)	»	»	»	»	»	»	»	»
Corde d'attache à un cheval (34)	»	»	»	»	»	»	»	»
Piquet de cavalerie (34)	»	»	»	»	»	»	»	»

DÉSIGNATION DES EFFETS OU OBJETS	Un des ordonnances du colonel ou lieut.-colonel		CONDUCTEURS de chevaux ou de mulets de bât		CONDUCTEURS de voitures à vivres		VÉLOCIPÉDISTES	
	H.	S.	H.	S.	H.	S.	H.	S.
PETIT ÉQUIPEMENT. (suite). Effets de petite monture. (Suite). — Brosse d'armes (12)	»	1	»	1	»	1	»	1
Cuiller	1	»	1	»	1	»	1	»
Trousse garnie	»	1	»	1	»	1	»	1
Étui-musette (15)	1	»	1	»	1	»	1	»
Gamelle individuelle (16)	1	»	1	»	1	»	1	»
Livret individuel	1	»	1	»	1	»	1	»
Savon	»	1	»	1	»	1	»	1
Serviette (17)	»	1	»	1	»	1	»	1
Mouchoir	1	»	1	»	1	»	1	»
Pantalon de treillis	1(18)	»	1(18)	»	1(18)	»	1	»
Pompon	1	»	1	»	1	»	1	»
Sachet à cartouches	1	»	1	»	1	»	1	»
Sifflet et son cordon (19)	»	»	»	»	»	»	»	»
CAMPEMENT. Bidon de 2 litres, courroie et quart	1	»	1	»	1	»	1	»
Petit bidon avec quart adhérent (modèle de la cavalerie)	»	»	»	»	»	»	»	»
Étui de gamelle individuelle	1	»	1	»	1	»	1	»
Gamelle à 4 hommes avec étui et courroie (20)	»	»	»	»	»	»	»	»
Marmite à 4 hommes avec étui et courroie (21)	»	»	»	»	»	»	»	»
Moulin à café (22)	»	»	»	»	»	»	»	»
Sachet à vivres	»	1	»	1	»	1	»	1
Seau en toile (23)	»	1	»	1	»	1	»	1
Sac tente-abri avec accessoires	»	1	»	1	»	1	»	1
Hachette de camp' avec manche (24)	1	»	1	»	1	»	1	»
ARMEMENT (A). Carabine et son nécess. d'armes (25)	1	»	»	»	»	»	1	»
Revolver (26)	»	»	1	»	1	»	»	»
Sabre 27)	1	»	»	»	»	»	1	»
MUNITIONS. paquets de cartouches — pour carabine	3	8	»	»	»	»	3	8
pour revolver	2	3	»	3	»	»	2	3
Pétards (28)	»	»	»	»	»	»	»	»
Boîte de détonateurs (29)	»	»	»	»	»	»	»	»
VIVRES (30) ET FOURRAGES (31).	»	»	»	»	»	»	»	»
	»	»	»	»	»	»	»	»
Outils de sapeurs (32)	»	»	»	»	»	»	»	»
HARNACHEMENT. Bride (33)	»	»	»	1	»	1	»	»
Couverture (34)	»	»	»	2	»	1	»	»
Ferrure (35)	»	»	»	»	»	»	»	»
Harnachement de trait (36)	»	»	»	»	»	2	»	»
Harnachement de bât (37)	»	»	»	2(25)	»	»	»	»
Musette-mangeoire (34)	»	»	»	1	»	1	»	»
Selle (33)	»	»	»	1	»	»	»	»
Surfaix de couverture (34)	»	»	»	2	»	1	»	»
Bissac (33)	»	»	»	1	»	»	»	»
Entrave (34)	»	»	»	2	»	2	»	»
Corde d'attache à un cheval (34)	»	»	»	2	»	2	»	»
Piquet de cavalerie (34)	»	»	»	2	»	2	»	»

(A) *Mitrailleurs.* Les gradés et les cavaliers mitrailleurs sont armés du revolver et du sabre, les conducteurs du revolver seul.

PRESCRIPTIONS GÉNÉRALES.

Les adjudants ont la même tenue que les officiers, sauf pour la culotte avec laquelle ils portent la jambière en cuir, des brodequins lacés et les éperons à la chevalière du modèle général de la troupe. Ils ont le sac à orge au lieu de l'étui porte-avoine. Ils doivent porter le paquet individuel de pansement et sont autorisés à faire usage de la jumelle, de la boussole-breloque et du porte-cartes.

Les médecins auxiliaires attachés aux régiments de cavalerie portent la tenue des sous-officiers du corps avec attributs spéciaux) déterminés par la décision ministérielle du 19 mai 1886 et le règlement spécial du 6 avril 1888.

Il est délivré un brassard de la convention de Genève aux infirmiers, aux porte-sacoches, aux conducteurs de cacolets, aux brancardiers employés à titre permanent et aux cavaliers ordonnances des médecins. Ces derniers conservent la tenue et l'armement des hommes montés du corps.

Un brassard d'un modèle particulier est également délivré aux conducteurs des voitures à-vivres et des mulets de bât.

Les ordonnances des officiers et assimilés compris dans les cadres des régiments de chasseurs d'Afrique à la mobilisation comptent en principe comme cavaliers de rang et sont armés et équipés comme les cavaliers montés.

Les chevaux de main des officiers sont confiés à des cavaliers comptant parmi les hommes à pied à raison d'un cavalier pour deux chevaux.

Ces hommes sont armés et équipés comme les cavaliers non montés; ils reçoivent en plus une collection d'effets de pansage et un seau en toile.

Tous les effets qui ne figurent pas au nombre de ceux que le cavalier porte sur lui ou de ceux qui composent son paquetage sont laissés en magasin.

OBSERVATIONS.

(1) Suspendue au cou.
(2) Placé dans une des poches de portefeuille de la veste.
(3) Remplacé par la veste en treillis galonnée pour les sous-officiers.
(4) La chéchia n'a pas de gland pour les vélocipédistes.
(5) Pour les maréchaux des logis chefs seulement.
(6) Avec un cordon pour l'armée active et une courroie pour la réserve et l'armée territoriale.
(7) D'un modèle spécial pour les maréchaux des logis chefs.
(8) Dans chaque escadron il est emporté vingt paires de brodequins de pointures diverses sur le mulet de bât porteur de la comptabilité et des vivres d'ordinaire; pour l'état-major, il est emporté dix paires de brodequins sur les mulets de bât porteurs des caisses des ouvriers.
(9) Il n'est pas constitué d'approvisionnement d'espadrilles pour les formations de réserve.
(10) Les vélocipédistes font usage des bretelles de pantalon.
(11) Les deux chemises de vélocipédistes sont en flanelle de coton à col.
(12) A l'exception des sous-officiers et brigadiers fourriers.
(13) Pour les sous-officiers seulement.

(14) Pour deux cavaliers; — une collection complète pour les cavaliers ordonnances d'officiers sans troupe.

(15) Est porté en sautoir dans les transports stratégiques.

(16) Tous les militaires isolés reçoivent un nécessaire individuel de campement en remplacement de la gamelle individuelle.

(17) Il n'est pas constitué d'approvisionnement de serviettes pour les formations de réserve.

(18) Les cavaliers non montés et les conducteurs de voitures à vivres, chevaux ou mulets de bât portent la culotte de drap quand la température l'exige.

(19) Pour les sous-officiers seulement.

(20) Pour deux marmites.

(21) Pour quatre hommes.

Une marmite pour quatre hommes est délivrée aux escortes des quartiers généraux de division, de corps d'armée et d'armée.

Trois marmites à quatre hommes sont attribuées aux hommes de troupe marchant avec l'état-major du régiment.

(22) Pour quinze hommes. Il ne sera constitué d'approvisionnement de moulins à café à la réserve que lorsque l'ordre en sera donné.

(23) Pour deux chevaux.

Un seau en toile par groupe de quatre hommes ou moins de quatre hommes, aux isolés des quartiers généraux et des états-majors de formation de campagne.

Chaque cavalier ordonnance d'officier sans troupe reçoit un seau en toile.

(24) Pour huit hommes.

(25) Emporté par les brigadiers seulement.

(26) Sont armés du revolver : les sous-officiers, les brigadiers fourriers, les trompettes, les maréchaux ferrants, les aides maréchaux, un ordonnance du colonel ou du lieutenant-colonel, le secrétaire monté du colonel, les télégraphistes.

(27) N'ont pas de sabre : les cavaliers non montés, un des ordonnances du colonel ou du lieutenant-colonel, les conducteurs de chevaux ou de mulets de bât, les conducteurs des voitures à vivres, les vélocipédistes.

(28) Pour les cavaliers.

(29) Pour les gradés.

(30) 1° Pour la cavalerie employée dans le Tell :

Une ration de pain de guerre, trois rations de sucre et café, une ration de conserve de viande (en boîtes individuelles de 300 grammes), une portion de potage salé, un jour d'eau-de-vie (chargé, en principe, au train de combat) pour les Européens, remplacé par une ration de sucre et café à 32 grammes de sucre et 24 grammes de café torréfié, pour les indigènes, demi-jour d'orge, remplacé par demi-jour d'avoine pour les chevaux de race française.

2° Pour la cavalerie opérant dans le Sud, la composition des vivres du sac sera fixée par l'autorité militaire intéressée au moment du besoin et suivant les circonstances; dans le cas où la composition admise dans le Tell serait jugée insuffisante pour le Sud, le complément des denrées sera prélevé sur le convoi.

(31) L'orge des chevaux ou mulets de trait est placée sur les voitures, celle des chevaux ou mulets de bât est portée sur le bât.

(32) Par escadron : deux haches, deux pelles, quatre pioches, quatre scies articulées et quatre cisailles avec leurs accessoires, portées par les sapeurs et élèves-sapeurs. Ces sapeurs ou élèves-sapeurs ne portent pas d'ustensiles de campement.

(33) Par cheval de selle.

(34) Par cheval.

(35) Les régiments de chasseurs d'Afrique conservent les deux poches à fers, ont la ferrure complète et trente-deux clous, mais n'ont ni crampons à glace, ni clef à crampons à glace.

(36) Par cheval de trait.

(37) Par cheval ou mulet de bât.

(38) Les conducteurs de mulets de cacolet ne conduisent qu'un seul mulet et n'ont qu'un seul bât. Les conducteurs des mulets de bât conduisent deux mulets à la fois et ont deux bâts.

CAVALERIE. (SPAHIS).

DÉSIGNATION DES EFFETS OU OBJETS.	CAVALIERS montés français		CAVALIERS montés indigènes.		CAVALIERS non montés		INFIRMIERS porte-sacoches.		Un des ORDONNANCES du colonel ou lieut.-colonel.		VÉLOCIPÉDISTES.	
	H*.	P*.	H.	P.	H.	Se.	H.	P.	H.	S.	H.	S.
Plaques d'identité avec cordon (1)	1	»	1	»	1	»	1	»	1	»	1	»
Paquet individuel de pansement (2)	1	»	1	»	1	»	1	»	1	»	1	»
HABILLEMENT — Bourgeron (3)	»	1	»	1	»	1	»	1	»	1	»	1
HABILLEMENT — Ceinture de flanelle	1	»	1	»	1	»	1	»	1	»	1	»
HABILLEMENT — Ceinture de laine	1	»	1	»	1	»	1	»	1	»	»	»
HABILLEMENT — Ceinture de laine (modèle des chasseurs alpins)	»	»	»	»	»	1	»	»	1	»	1	»
HABILLEMENT — Burnous en drap	1	»	1	»	»	»	1	»	»	»	»	»
HABILLEMENT — Burnous blanc	1	»	1	»	»	1	1	»	»	»	»	»
HABILLEMENT — Manteau à capuchon en drap (modèle des chasseurs alpins)	»	»	»	»	»	»	»	»	1	»	1	»
HABILLEMENT — Pantalon d'ordonnance	1	»	1	»	1	1	1	»	»	»	1 (1)	»
HABILLEMENT — Brassard	»	»	»	»	»	»	1	»	1	»	1	»
HABILLEMENT — Gilet	1	»	1	»	1	»	1	»	1	»	»	»
HABILLEMENT — Veste	1	»	1	»	1	»	1	»	1	»	»	»
HABILLEMENT — Vareuse-dolman (modèle des chasseurs alpins)	»	»	»	»	»	»	1	»	1	»	1 (5)	»
COIFFURE — Chéchia avec couvre-nuque (français)	1	»	»	»	1	»	1	»	1	»	1	»
COIFFURE — Coiffure arabe complète (indigènes)	»	»	1	»	»	»	»	»	»	»	»	»
GRAND ÉQUIPEMENT — Bretelle de carabine	1	»	1	»	»	»	1	»	»	»	»	»
GRAND ÉQUIPEMENT — Sacoche de maréchal des logis chef (6)	»	»	»	»	»	»	»	»	»	»	1	»
GRAND ÉQUIPEMENT — Cartouchière	1	»	1	»	»	»	1	»	»	»	»	»
GRAND ÉQUIPEMENT — Trompette (7)	»	»	»	»	»	»	»	»	»	»	»	»
GRAND ÉQUIPEMENT — Ceinturon avec bélière (8)	1	»	1	»	»	»	1	»	»	»	1	»
GRAND ÉQUIPEMENT — Courroie-ceinture	»	1	»	1	»	»	»	»	»	»	»	1
GRAND ÉQUIPEMENT — Dragonne	»	»	»	»	1	1	»	»	»	»	»	»
GRAND ÉQUIPEMENT — Havresac (modèle de l'infanterie)	»	»	»	»	»	»	»	1	»	»	1	»
GRAND ÉQUIPEMENT — Étui et lanière de revolver	1	»	1	»	»	»	1	»	»	»	»	1
GRAND ÉQUIPEMENT — Sac à dépêches	»	»	»	»	»	»	»	»	»	»	»	»
GRAND ÉQUIPEMENT — Jambières en cuir (paire)	1	»	1	»	1	»	»	»	»	»	1	1
GRAND ÉQUIPEMENT — Mestres et souliers arabes	»	»	»	»	»	»	1	»	»	»	»	»
GRAND ÉQUIPEMENT — Bandes molletières (modèle des chasseurs alpins)	»	»	»	»	»	»	»	»	»	»	1	»
GRAND ÉQUIPEMENT — Brodequins avec lacets (paire) (9)	1	»	»	1	1	»	1	»	1	»	»	»
GRAND ÉQUIPEMENT — Lacets pour brodequins (paire de rechange)	»	1	»	»	»	1	»	1	»	1	»	»
GRAND ÉQUIPEMENT — Éperons à la chevalière (paire)	1	»	1	»	»	1	1	»	1	»	1	»
GRAND ÉQUIPEMENT — Sous-pieds et brides d'éperons (paire)	1	1	1	»	»	1	1	»	»	1	»	1
PETIT ÉQUIPEMENT — Espadrilles	»	1	»	1	»	2	»	1	»	1	»	»
PETIT ÉQUIPEMENT — Bretelles de pantalon	»	»	»	»	»	1	»	»	»	»	1	1
PETIT ÉQUIPEMENT — Caleçons	1	1	1	1	1	1	1	1	1	1	1 (10)	1 (10)
PETIT ÉQUIPEMENT — Chemises	1	1	1	1	1	1	1	»	1	»	1	»
PETIT ÉQUIPEMENT — Jersey (modèle des chasseurs alpins)	»	»	»	»	»	»	»	»	»	1	1	1
PETIT ÉQUIPEMENT — Cravates	»	»	»	»	»	1	»	»	»	»	1	»
PETIT ÉQUIPEMENT — Courroie de sautoir	»	1	»	»	»	»	1	1	1	1	»	»
Effets de pansage — Brosse à cheval en soie (11)	»	»	»	1	»	»	»	»	»	»	»	»
Effets de pansage — Ciseaux (12)	»	1	»	»	»	1	»	1	»	1	»	»
Effets de pansage — Corde à fourrage	»	1	»	»	»	»	»	»	»	»	»	»
Effets de pansage — Éponge	»	1	»	1	»	1	»	»	»	1	»	»
Effets de pansage — Étrille (11)	»	1	»	»	»	»	»	1	»	»	»	»
Effets de pansage — Sac à orge	»	1	»	»	»	1	»	1	»	1	»	»

(*) H. Sur l'homme. — P. Dans le paquetage. — S. Dans le sac de l'homme.

DÉSIGNATION DES EFFETS OU OBJETS	CAVALIERS montés français — H^e	P^e	CAVALIERS montés indigènes — H	P	CAVALIERS non montés — H	S^e	INFIRMIERS porte-sacoches — H	P	Un des ORDONNANCES du colonel ou lieut.-colonel — H	S	VÉLOCIPÉDISTES — H	S
PETIT ÉQUIPEMENT (Suite). — *Effets de petite monture.* — Boîte à graisse (11)	»	1	»	1	»	1	»	1	»	1	»	1
Brosse à habits (11-13)	»	1	»	1	»	1	»	1	»	1	»	1
Brosse à laver (11-13)	»	1	»	1	»	1	»	1	»	1	»	1
Brosse d'armes (11)	»	1	»	1	1	»	»	1	»	1	1	1
Cuiller	»	1	»	1	»	1	»	1	»	1	»	1
Trousse garnie	»	1	»	1	»	1	»	1	»	1	»	1
Étui-musette (14)	»	1	»	1	1	»	1	»	1	»	1	»
Gamelle individuelle (15)	»	1	»	1	1	»	»	1	»	1	1	1
Livret individuel	1	»	1	»	1	»	1	»	1	»	1	1
Savon	»	1	»	1	»	1	»	1	»	1	»	1
Serviette	»	1	1	»	»	1	»	1	»	1	»	|(4)
Mouchoir	1	»	1	»	1	»	1	»	1	»	1	»
Pantalon de toile	»	1	»	1	1 (16)	»	»	1	»	1	»	»
Sachet à cartouches	»	1	»	1	1	»	»	1	»	»	1	»
Sifflet et son cordon (17)	»	1	»	1	»	»	»	»	»	»	»	»
CAMPEMENT. — Bidon de 2 litres, courroie et quart	»	1	»	1	1	»	»	1	»	1	»	»
Petit bidon avec quart adhérent (modèle de cavalerie)	»	1	»	»	»	»	»	»	»	»	1	»
Étui de gamelle individuelle	»	1	»	1	»	»	»	1	»	»	»	»
Gamelle à 4 hommes avec étui et courroie (18)	»	»	»	»	»	»	»	»	»	»	»	»
Marmite à 4 hommes avec étui et courroie (19)	»	»	»	»	»	»	»	»	»	»	»	»
Moulin à café (20)	»	»	»	1	»	1	»	»	»	1	»	1
Sachet à vivres	»	1	»	»	»	»	»	»	»	»	»	»
Seau en toile (21)	»	»	»	1	»	»	»	»	»	»	»	»
Sac tente-abri avec accessoires	»	1	1	»	»	1	»	1	»	1	»	1
Hachette de campement avec manche (22)	»	»	1	»	1	»	»	»	»	»	1	»
ARMEMENT. — Carabine et son nécessaire d'armes (23)	1	»	1	»	1	»	1	»	1	»	»	»
Revolver (24)	1	1	1	»	»	»	»	»	1	»	»	»
Sabre (25)	»	1	»	1	»	»	»	1	»	1	»	»
MUNITIONS. — Paquets de cartouches — pour carabine	3	8	3	8	3	8	3	8	2	3	3	»
pour revolver	2	3	2	3	»	»	»	»	2	3	»	»
VIVRES (26) ET FOURRAGES.	»	»	»	»	»	»	»	»	»	»	»	»
	»	»	»	»	»	»	»	»	»	»	»	»
Outils de sapeurs (27)	»	»	»	1	»	»	»	»	»	»	»	»
HARNACHEMENT. — Bride	»	1	»	1	»	»	»	1	»	»	»	»
Tapis	»	1	1	»	»	»	»	1	»	»	»	»
Ferrure (28)	»	1	»	1	»	»	»	1	»	»	»	»
Musette-mangeoire	»	1	1	»	»	»	»	»	»	»	»	»
Musette en cuir	»	1	»	1	»	»	»	1	»	»	»	»
Selle	»	1	»	1	»	»	»	»	»	»	»	»
Surfaix	»	1	»	1	»	»	»	1	»	»	»	»
Besace	»	1	»	1	»	»	»	1	»	»	»	»
Entrave	»	1	»	1	»	»	»	1	»	»	»	»
Corde d'attache à un cheval	»	1	»	1	»	»	»	1	»	»	»	»
Piquet de cavalerie	»	1	»	1	»	»	»	1	»	»	»	»

(*) H. Sur l'homme. — P. Dans le paquetage. — S. Dans le sac de l'homme.

PRESCRIPTIONS GÉNÉRALES.

Les adjudants ont la même tenue que les officiers, sauf pour la culotte avec laquelle ils portent la jambière en cuir, des brodequins lacés et les éperons à la chevalière du modèle général de la troupe. Ils ont le sac à orge au lieu de l'étui porte-avoine. Ils doivent porter le paquet individuel de pansement et sont autorisés à faire usage de la jumelle et de la boussole-breloque.

Les médecins auxiliaires attachés aux régiments de cavalerie portent la tenue des sous-officiers du corps avec attributs spéciaux déterminés par la décision ministérielle du 19 mai 1886 et le règlement spécial du 6 avril 1888.

Il est délivré un brassard de la Convention de Genève aux infirmiers, aux porte-sacoches, aux conducteurs de cacolets, aux brancardiers employés à titre permanent et aux cavaliers ordonnances des médecins. Ces derniers conservent la tenue et l'armement des hommes montés du corps.

Les ordonnances des officiers et assimilés compris dans les cadres des régiments de spahis à la mobilisation comptent en principe, comme cavaliers de rang et sont armés et équipés comme les cavaliers montés.

Tous les effets qui ne figurent pas au nombre de ceux que le cavalier porte sur lui ou de ceux qui composent son paquetage sont laissés en magasin.

OBSERVATIONS.

(1) Suspendue au cou.
(2) Placé dans la poche intérieure de la veste.
(3) Galonné pour les gradés.
(4) Rétréci.
(5) La chéchia n'a pas de gland pour les vélocipédistes.
(6) Pour les maréchaux des logis chefs seulement.
(7) Avec un cordon pour l'armée active et une courroie pour la réserve.
(8) D'un modèle spécial pour les maréchaux des logis chefs.
(9) Dans chaque escadron, il est emporté vingt paires de brodequins de pointures diverses sur le mulet de bât porteur de la comptabilité et des vivres d'ordinaire; pour l'état-major, il est emporté dix paires de brodequins sur les mulets de bât porteurs des caisses des ouvriers.
(10) Les deux chemises des vélocipédistes sont en flanelle de coton à col.
(11) A l'exception des sous-officiers et brigadiers fourriers.
(12) Pour les sous-officiers seulement.
(13) Pour deux cavaliers; une collection complète pour les ordonnances d'officiers sans troupe.
(14) Est porté en sautoir dans les transports stratégiques.
(15) Tous les militaires isolés reçoivent un nécessaire individuel de campement en remplacement de la gamelle individuelle.
(16) Les cavaliers non montés portent le pantalon d'ordonnance lorsque la température l'exige.
(17) Pour les sous-officiers seulement.

(18) Pour deux marmites.

(19) Pour quatre hommes.

Une marmite pour quatre hommes est délivrée aux escortes des quartiers généraux de division, de corps d'armée et d'armée.

Trois marmites à quatre hommes sont attribuées aux hommes de troupe marchant avec l'état-major du régiment.

(20) Pour quinze hommes.

(21) Pour deux chevaux.

Un seau en toile par groupe de quatre hommes ou moins de quatre hommes, aux isolés des quartiers généraux et des états-majors de formation de campagne.

Chaque ordonnance d'officier sans troupe reçoit un seau en toile.

(22) Pour huit hommes.

(23) Emporté par les brigadiers seulement.

(24) Sont armés du revolver : les sous-officiers, les brigadiers fourriers, les trompettes, les maréchaux ferrants, les aides-maréchaux, un ordonnance du colonel ou du lieutenant-colonel, le secrétaire monté du colonel.

(25) N'ont pas de sabre : les cavaliers non montés, un ordonnance du colonel ou du lieutenant-colonel, les vélocipédistes.

(26) 1° Pour la cavalerie employée dans le Tell :

Une ration de pain de guerre, trois rations de sucre et café, une ration de conserve de viande (en boîtes individuelles de 300 grammes), une portion de potage salé, un jour d'eau-de-vie (chargé, en principe, au train de combat) pour les Européens, remplacé par une ration de sucre et café à 32 grammes de sucre et 24 grammes de café torréfié, pour les indigènes, demi-jour d'orge, remplacé par demi-jour d'avoine pour les chevaux de race française.

2° Pour la cavalerie opérant dans le Sud; la composition des vivres du sac sera fixée par l'autorité militaire intéressée au moment du besoin et suivant les circonstances; dans le cas où la composition admise dans le Tell serait jugée insuffisante pour le Sud, le complément des denrées sera prélevé sur le convoi.

(27) Par escadron : deux haches, deux pelles, quatre pioches, quatre scies articulées et quatre cisailles avec leurs accessoires, portées par les sapeurs et élèves sapeurs. Ces sapeurs ou élèves sapeurs ne portent pas d'ustensiles de campement.

(28) Ferrure complète et trente-deux clous, mais sans crampons à glace et sans clef à crampons à glace.

Nomenclature des effets à emporter par les troupes métropolitaines envoyées en Extrême-Orient et à Madagascar.

EFFETS A EMPORTER.	OBSERVATIONS.

1° HABILLEMENT ET COIFFURE.

(Effets à emporter du corps d'origine.)

1° Troupes à pied et à cheval de toutes armes (zouaves et tirailleurs exceptés).

Deux bourgerons de toile.........	
Deux pantalons de toile ou de treillis.	
Deux caleçons.	
Deux chemises.	Au classement neuf ou très bon.
Une cravate. . . .. ,	
Deux mouchoirs.	
Deux serviettes.	
Une paire de bretelles............	
Deux ceintures de flanelle.........	Seulement pour les troupes qui font usage de cet effet.
Un morceau de savon de 500 grammes.	Pour les besoins de la traversée.
Une capote en drap.............	Classement bon; délivrée aux hommes montés en remplacement du manteau.
Un képi en drap.................	Classement neuf ou très bon; à utiliser pendant la traversée et dans la colonie, concurremment avec le casque colonial.
Une tunique ou veste en drap (sous-officier).	Ces effets sont échangés au port d'embarquement contre un paletot de molleton et un pantalon de flanelle, et renvoyés au corps d'origine par le magasin administratif.
Une veste en drap (caporaux, brigadiers ou soldats).............	
Un pantalon d'ordonnance ou culotte avec jambières............	

2° Zouaves et tirailleurs algériens.

Les zouaves et tirailleurs sont pourvus par leur corps des effets de toile et des accessoires indiqués au paragraphe 1ᵉʳ ci-dessus.	Classement neuf ou très bon.
En remplacement des effets de drap, ils emportent : un collet à capuchon.	

<table>
<tr><td>

EFFETS A EMPORTER.

Deux séries d'effets comprenant
  chacune :
Une veste. . . . .
Un gilet. . . . .
Un pantalon d'ordonnance. . . . .
Une chéchia avec gland. . . . .

</td><td>

OBSERVATIONS.

L'une de ces séries comprend des
effets au classement neuf ou très
bon; les effets de la seconde ap-
partiennent à la collection n° 2.

</td></tr>
</table>

Les hommes emportent leur ceinture de laine et reçoivent le casque au port d'embarquement ; il ne leur est distribué ni paletot de molleton, ni pantalon de flanelle, ni effets de toile kaki.

2° CHAUSSURES (classement neuf ou très bon).

1° *Toutes armes* (hommes montés,
  zouaves et tirailleurs exceptés).

Deux paires de brodequins. . . . .
Une paire de chaussures de repos. .
Deux paires de guêtres de toile. .

2° *Zouaves et tirailleurs.*

Deux paires de brodequins. . . . .
Une paire de chaussures de repos.
Une paire de bandes molletières. .
Deux paires de guêtres-jambières
  en toile. . . . .

3° *Hommes montés de toutes armes.*

Deux paires de brodequins épe-
  ronnés ou munis d'éperons à la
  chevalière. . . . .

Classement neuf ou très bon.

3° GRAND ÉQUIPEMENT (classement neuf ou très bon).

1° *Hommes à pied.*

Un havresac.

2° *Hommes armés du revolver* ou
  équipés en hommes montés.

Emportent l'équipement de leur arme ou de leur subdivision d'arme.

4° ACCESSOIRES DIVERS D'ÉQUIPEMENT

(classement neuf ou très bon).

Une cuiller. . . . .
Un étui-musette. . . . .
Une gamelle individuelle. . . . .
Une plaque d'identité avec cordon.

<table>
<tr><td>

EFFETS A EMPORTER.

</td><td>

OBSERVATIONS.

</td></tr>
<tr><td>

Un quart. . . . .
Une trousse garnie. . . . .
Effets de pe-tite mon-ture (1 jeu pour qua-tre hom-mes). . . . . .
  Une boîte à graisse.
  Bros-ses { à chaussures / à habits. . . . / pour armes. }
Un livret. . . . .

</td><td>

Il est délivré un jeu d'effets de petite monture lorsque le nombre des hommes mis en route par le même corps est inférieur à quatre.

</td></tr>
</table>

5° CAMPEMENT (classement neuf ou très bon).

<table>
<tr><td>

Un petit bidon de 1 ou 2 litres avec courroie. . . . .

</td><td>

Toutes les troupes dirigées sur l'Indo-Chine emportent le bidon de 2 litres.
Pour les détachements et les isolés de l'intérieur, le bidon de 2 litres et la courroie sont délivrés au port d'embarquement.
Les troupes autres que celles d'Afrique dirigées sur Madagascar emportent le bidon de 1 litre; les troupes d'Afrique conservent le bidon de 2 litres.

</td></tr>
<tr><td>

Ustensiles de campement (1 jeu pour 4 hommes).
  Gamelle à 4 hommes / Marmite à 4 hommes. . . . . / Seau en toile. . . . . .

</td><td>

Il n'est pas délivré d'ustensiles collectifs aux groupes ou fractions inférieures à 4 hommes.

</td></tr>
<tr><td>

Une couverture de campement. . . .

</td><td>

Délivrée au port d'embarquement.

</td></tr>
</table>

6° EFFETS COLONIAUX

(classement neuf ou très bon).

Les hommes à l'exception des zouaves et des tirailleurs, qui ne sont pourvus que du casque, reçoivent au port d'embarquement :

<table>
<tr><td>

Un paletot de molleton. . . . .
Un pantalon de flanelle. . . . .
Une ceinture de laine. . . . .
Un casque en liège. . . . .

</td><td>

Pour les besoins de la traversée.

</td></tr>
<tr><td>

Un pantalon de toile kaki. . . . .
Un paletot de toile kaki. . . . .

</td><td>

Seulement pour les militaires envoyés au Tonkin ou en Chine. Ces effets ne sont pas portés pendant la traversée; ils ne servent que pendant l'escale de Saïgon, à l'exclusion de toute autre tenue.

</td></tr>
</table>

7° EFFETS DE TENUE DE VILLE DE SOUS-OFFICIER RENGAGÉ.

Les sous-officiers rengagés ou commissionnés de la légion

étrangère se rendant en Indo-Chine emportent les effets de tenue de ville ci-après, au classement neuf ou très bon.

Képi......................................
Bottines...................................

Le remplacement des effets de toute nature emportés par les hommes des troupes métropolitaines a lieu exclusivement par les soins de l'administration des colonies et au moyen des ressources des magasins de la colonie ; par suite, aucun envoi de matériel du service de l'habillement et du campement ne doit être effectué de France, d'Algérie ou de Tunisie par les corps de troupe qui ont des détachements aux colonies.

Les chefs de corps sont rendus personnellement responsables des infractions aux prescriptions ci-dessus.

Les officiers partant pour le Tonkin sont autorisés à recevoir contre remboursement les effets coloniaux de soldat dont ils font la demande. Le montant de la valeur de chaque cession est versé au Trésor au titre du budget ordinaire de la guerre ou des colonies, suivant que les effets appartiennent à l'administration de la guerre ou à celle des colonies.

Il n'est plus emporté par les détachements d'approvisionnement de précaution en effets de linge, chaussure et accessoires, en effets de grand équipement, en accessoires divers d'équipement et en effets de campement.

Mais les détachements, à l'exclusion des isolés, emportent un approvisionnement de précaution de casques en liège destinés à remplacer ceux qui seraient perdus ou mis hors de service pendant la traversée. Cet approvisionnement est fixé à un vingtième de l'effectif du détachement.

Nomenclature des effets à emporter par les militaires des troupes métropolitaines désignés pour servir à l'escadron de spahis du Tchad (escadron de cavalerie indigène du Congo).

---

a) *Effets à emporter du corps d'origine.*

2 bourgerons de toile ou de treillis............	du
2 pantalons de toile ou de treillis.............	classement neuf
2 chemises.	ou
2 caleçons.	très bon.

2 mouchoirs. . . . .
1 culotte ou un pantalon d'ordonnance (spahis)
    en drap. . . . .
1 paire de jambières. . . . .
1 paire de brodequins. . . . .
1 tunique ou veste en drap (sous-officier). . . . . .
1 veste en drap (brigadiers et soldats y com-
    pris le gilet pour les spahis). . . . .
1 képi ou chéchia. . . . .
2 ceintures de flanelle (1 ceinture de laine pour
    les hommes provenant des corps d'Afrique).
1 morceau de savon de 500 grammes. . . . .

> du
> classement neuf
> ou
> très bon.

b) *Effets coloniaux (délivrés au port d'embarquement).*

1 casque en liège. . . . .
1 paletot kaki. . . . .
1 pantalon kaki. . . . .

> A Bordeaux, la délivrance de ces effets aura lieu par les soins du magasin du service colonial de cette place.
> A Marseille, ils seront délivrés par les soins du magasin général d'habillement de la guerre.

TABLES

TABLE CHRONOLOGIQUE

TABLE ALPHABÉTIQUE

I

Paris et Limoges. — Imprimerie et librairie militaires Henri CHARLES-LAVAUZELLE.

BIBLIOTHEQUE NATIONALE DE FRANCE

3 7502 013641180